文物中的成都生活

WENWU ZHONGDE
CHENGDU SHENGHUO

朱晓剑 杨不易 / 著

成都时代出版社
CHENGDU TIMES PRESS

文物中的成都生活

图书在版编目（CIP）数据

文物中的成都生活 / 朱晓剑，杨不易著 . -- 成都：成都时代出版社，2018.12
ISBN 978-7-5464-2181-0

Ⅰ . ①文… Ⅱ . ①朱… ②杨… Ⅲ . ①社会生活—史料—成都 Ⅳ . ① K297.11

中国版本图书馆 CIP 数据核字（2018）第 210310 号

文物中的成都生活
WENWU ZHONG DE CHENGDU SHENGHUO

朱晓剑　杨不易　著

出 品 人　李文凯
责任编辑　李　佳
责任校对　张　巧
装帧设计　成都九天众和广告有限公司
责任印制　唐莹莹

出版发行　成都时代出版社
电　　话　（028）86742352（编辑部）
　　　　　（028）86615250（发行部）
网　　址　www.chengdusd.com
印　　刷　四川华龙印务有限公司
规　　格　140mm×210mm
印　　张　6
字　　数　110 千
版　　次　2018 年 12 月第 1 版
印　　次　2018 年 12 月第 1 次印刷
书　　号　ISBN 978-7-5464-2181-0
定　　价　38.80 元

著作权所有·违者必究
本书若出现印装质量问题，请与工厂联系。电话：（028）87781035

序言 Preface

成都作为宜居的国际化大都市，其生活存在诸多便捷之处，有生态的城市系统、有丰富的娱乐内容，而这些都得益于天府之国所提供的物质基础。当我们回顾成都人的生活史，不难发现，这个过程是充满着玄机和趣味的。

今天成都人的生活，给人安逸、舒适的印象。自这座历史大古都建城以来，就着力向内需型城市发展，随着成都物产的丰富及其持续增加，成都制造的产品开始走向世界；也正因如此，成都与世界少了许多隔阂。通过向先进、具创新性的技术学习，成都制造走在了时代的前沿。

从秦汉到唐宋，成都发展的总体趋势是波折少，动乱虽时有发生，也偶然会对城市发展造成一定的破坏，但并没有让成都人的生活偏离自己的轨道，所以，成都人一直过着"不知饥馑"的日子。

在这样的日子里,成都人创造出了属于自己的生活形态。

有一种生活美学叫成都,从饮食、茶艺、民俗等方面,都可以看出成都人在生活上的创意,这也是成都生活的创新力。单就茶而言,成都的贡献不只是种茶、制茶、品茶等内容,就连日式"茶道"亦与此有密切的关系,"禅茶一味"即是宋代圆悟克勤禅师的创意。

而川菜更是历史悠久,在食材选择上有独到之处,且因地制宜创造出来的川菜,"一菜一格,百菜百味"。川菜不只是有麻辣,还有复合味型的菜式。这些创造让川菜走向全国。

在这册《文物中的成都生活》中,我们着力寻找成都人的生活轨迹,从而展现成都人自己的底色:生活上怡然自得,事业上追求极致,哪怕是点滴的生活创意,也要与众不同,这凸显的是乐观的人生态度。

当我们走进成都的历史深处,穿越历史的时空,不难发现让人羡慕的成都生活,浸润着成都这座城市独特的性格。不管你以怎样的方式进入成都,都不难将日子过得精彩。成都的日子,总让人生出别样的欢喜来。

目录 Contents

第一章　古蜀时代，田园牧歌 / 001
 第一节　远古时代：从游走到定居的古城生活… 003
 第二节　崇拜与祭祀：围着太阳神鸟载歌载舞… 011
 第三节　田园牧歌：炊烟袅袅的日常生活… 018
 第四节　蜀王奢华：古蜀文明的背影… 026

第二章　晓看红湿处，花重锦官城 / 035
 第一节　赏花：尚想锦官城，花时乐事稠… 037
 第二节　闻香：即将无限意，寓此一炷烟… 045
 第三节　文房：老妻画纸为棋局，稚子敲针作钓钩… 052
 第四节　闺乐：慢梳鬟髻著轻红，春早争求芍药丛… 059

第三章　四时有游乐，辟出新风景 / 067
 第一节　歌舞：锦城丝管日纷纷，半入江风半入云… 069

第二节　逛市：游人炫识货，善价求珍奇…076
　第三节　出游：槛外游人满，林间饮帐鲜…084
　第四节　看戏：夜行山步鼓冬冬，小市优场炬火红…092

第四章　今日蜀州生白发，瓦炉独试雾中茶 / 101
　第一节　茶史：关于成都茶的前世今生…103
　第二节　制茶：传承手工，还原茶本色…109
　第三节　茶道：一茶一世界…115
　第四节　茶具：成都人的饮茶美学…121
　第五节　茶人：生活如水，人生如茶…128

第五章　酒来郫县香初压，花送彭州露尚滋 / 135
　第一节　成都酒话，从文君卖酒说起…137
　第二节　成都人的宴饮之风…143
　第三节　成都人的酿酒技术…150

第六章　东来坐阅七寒暑，未尝举箸忘吾蜀 / 155
　第一节　川菜极简史，从巴蜀食文化说起…157
　第二节　食器，成都人的饮食美学…164
　第三节　川菜飘香…170
　第四节　成都小吃甲天下…176

【第一章】

古蜀时代
田园牧歌

文 物 中 的 成 都 生 活

WENWUZHONGDE
CHENGDUSHENGHUO

第一章 古蜀时代，田园牧歌

第一节 远古时代：
从游走到定居的古城生活

◎看文物

陶壶
新石器时代晚期，
成都新津宝墩古城出土
（成都博物馆供图）

新津宝墩古城出土的生活器皿，以陶器为主，主要有陶宽沿平底尊、陶敛口罐、陶壶、陶器座、折腹钵、曲沿罐等,上面装饰着水波纹、新月纹、绳纹等。

◎ 读成都

人类是从什么时候开始在成都平原这片富饶的土地上努力开拓和生活的呢?我们第一时间想到的,大概是宝墩古城,或者三星堆和金沙遗址所在时期的人类吧。其实,目前考古研究表明,人类在成都的足迹,还可以追溯至更早的时候……

2010年4月,在龙泉山脉东麓的简阳市龙垭村(简阳市时属资阳市,2016年划归成都市)一个非常普通的农家小楼后面的枇杷林地里,有了惊人的发现。住在这里的黄姓人家准备在屋后盖猪圈,打地基时竟挖出一段黑白相间的物体。父子俩继续挖,发现这个物体有两三米长。有点文物意识的黄家父子"觉得不对头",立即报警。警察和文管所的人赶到,才发现不得了!这可是象牙!马上开始清理,很快从地下刨出两根象牙,分别长3米、2.2米。专家鉴定后认为,两根象牙是东方剑齿象牙化石,这种象的生存时间为距今3万年至1.5万年……

龙垭遗址是四川继资阳人遗址、雅安富林遗址之后发现的第三处,也是30年来最重要的旧石器时代遗址。龙垭遗址距资阳人遗址仅 30 多公里。专家们对出土的大象骨骼化石进行修复后发现，这至少是三头象的骨骼，其中一头为幼象。而其中一头成年象年龄为 50~60 岁（大象的寿命为 150 岁左右），身高 3.5 米以上，死亡时还在第二次换牙。除此之外，还有中国犀、鹿、牛、羊、猪、獾、竹鼠等动物骨骼化石。在一些骨骼上还有一些痕迹，不但有砸砍的痕迹，还有刮削甚至可能是啃咬的痕迹。专家们推测认为，这个遗址的石制品及动物骨骼化石等，在埋藏前可能没有经长时间暴露或远距离搬运。也就是说，发现地就是这些动物骨骼最早遗存的地方，龙垭遗址很有可能是古人类的短期生存场所。那时候的人们，大概会随着季节变化或狩猎便利进行迁移。

更为重要的是，现场还出土了三件经过钻孔的骨质饰品，两件用动物牙齿制作，一件用动物骨骼制作，看上去很像现在项链的吊坠。这样的装饰品在四川省内还是首次发现，这说明当时人们的生活已经有一些闲暇，具有一定的审美情趣。

那么，我们是不是可以"大开脑洞"地想象一下，30000 年前的"成都人"是如何生活的：

30000 年前的某一天，一群顺着龙泉山脉游走的智人，在丛林间发现了三头大象，他们决定杀了它们来作为食物。杀死三头大象虽然很难，但经过一番血腥的努力和搏斗，他们成功了！

肉太多了，运输也不方便，他们决定暂时在这里安营扎寨，等到吃光了再继续前进。他们中的一些人点燃火堆，开始烤象肉；另一些人则在附近搭建临时的树棚，搜寻一些石头来继续制造工具，以备不时之需。入夜，肉烤熟了，人们一边吃着烤肉，一边围着火堆跳起舞来，噢噢的吼声，吓坏了附近的小动物。两个爱美的姑娘，跳得最疯狂，高兴得把耳坠都甩掉了……他们在这里住了多久呢？谁也不知道！总之，在这个临时的营地，留下一堆吃剩的骨头，还有多余的石制工具，他们又继续去游荡了……

当然，对于这些过于遥远的"成都人"，我们也只能凭借这些出土的石器和动物骨骼进行一点想象了，毕竟，他们留下来的信息实在是太少了。而时光漫漫，来到新石器时代晚期，比如4500年前的宝墩文化时期，成都人的生活景象便越来越清晰了。

走进成都博物馆"九天开出一成都——先秦时期的成都"展厅，就能看到很多从新津宝墩古城遗址出土的石器、骨器和生活用陶器等，呈现出成都平原上人们丰富的生活形态。

第一章 古蜀时代,田园牧歌

陶器座
新石器时代晚期,
成都新津宝墩古城出土
(成都博物馆供图)

事实上,到目前为止,成都平原上发现了众多早于三星堆遗址和金沙遗址的史前古城遗址,如新津宝墩古城,都江堰芒城,郫县三道堰古城,温江鱼凫城,崇州双河城、紫竹城,大邑高山古城等。其中宝墩古城面积达276万平方米,为中国第三大史前古城,而高山古城比宝墩古城的时间更早。由于另外几个城址基本跟宝墩古城在同一时期,距今约4500年至3700年,因此被统称为"宝墩文化"时期。这些古城遗址,星罗棋布地分散在成都平原上,构成了成都史前文明繁荣的轮廓,那些出土的文物,则展现了彼时成都人的生活细节。

这些古城多有两圈城墙,发掘过程中,还发现了屋基、墓地和灰坑。在宝墩古城和郫县三道堰古城遗址中,甚至还发现了作为政治、军事、文化和宗教中心的"太庙"建筑屋基。在高山古城,考古人员发现了116具人骨,其中十余个个体被拔除了上颌侧门齿,推测应为当时的一种类似于成人礼的风俗。而从民居方面来看,这一时期的成都人,居住的是一种"木骨泥墙小房子"。在考古发掘中,人们甚至还发现了灶房和简易灶台的遗迹。

想一想,彼时水美土沃的成都平原上,遍布森林和湖泊,而这些房子组成了大大小小的城邦、聚落,人们居住在这样的房子里,生火做饭时,必是炊烟袅袅,生活气息浓厚。

从出土的石器工具来看,有斧、锛、刀之类,远古蜀人用这些石器将竹子和木头制作成打猎和农耕的工具。他们用石器棍棒和弓箭等工具在森林里打猎,追逐鹿、象、野猪等动物;他们在遍布平原的湖泊里捕鱼,也在肥沃松软的土地上耕种粮食,如水稻、粟等,由于粮食丰收有了余粮,他们甚至还养起了狗、鸡、羊、牛、猪等家畜和家禽……

一天劳作之后,人们回到家里,使用一些陶器来做饭、饮水。在这些古城出土的陶器,包括绳纹花边口罐、喇叭口高领罐、宽沿盘、浅盘豆、敞口圈足罐等,还有带漏孔的陶制澄滤器。这些陶器上还装饰了花纹,有的像水波，有的像新月，有的则像绳索，人们甚至还在上面发现了指甲状的花纹和手工制作陶器时留下的指纹……看来，那时候的成都人很有闲情逸致，已经开始在生活用具上搞搞装饰玩艺术了。

总之，在那个还遍布森林和湖泊的远古时期，人们已然在成都平原上建立城邦和部落，打猎、捕鱼、耕种和养殖，生活虽然简朴、辛苦，却也是有滋有味……

◎知道多一点

宝墩古城的人从哪里来？到哪里去？

宝墩文化时期的成都人，当然不是从天而降的。考古学家们曾在岷江上游的茂县，发现一处距今5000年左右的遗址，其出土文物与宝墩文化很相似。考古学家们分析认为，在新石器时代，一支古羌人从西北高原出发，经岷江上游来到了成都平原，成了最早的"成都人"。他们在这里建立了自己的家园，打猎、种地，建立大小聚落，并繁衍生息。而在大邑高山古城则发现与西北地区和长江中游同时期风格相似的陶器，为人们研究成都平原史前人类来源提供了材料。

而在三星堆文化一期，人们发现那里出土的很多陶器，竟然是宝墩文化的典型陶器。可以说，是宝墩文化孕育了三星堆文化……

第二节　崇拜与祭祀：
围着太阳神鸟载歌载舞

◎看文物

铜锥形器
商周，成都金沙遗址出土
（成都博物馆供图）

此器上端刻画有鱼、鸟、箭组合纹饰，纹饰主题与金沙遗址祭祀区出土的金冠带、金鱼纹带以及三星堆遗址出

土的金杖相似。

◎ 读成都

如果说宝墩文化时期的成都人，生活得还比较简朴，那么从三星堆文化时期开始，即商周时期，在成都平原上生活的人们就过得丰富多彩了。关于这一时期，成都平原上比较重要的考古发现，包括三星堆遗址、金沙遗址、十二桥遗址、商业街船棺遗址、新都战国木椁墓等，呈现了古蜀王国在先秦时期延绵的辉煌文明，和人们多彩的生活景况……

三星堆遗址文化遗存被考古学家们分为四期，一期属于新石器时代晚期，从出土的陶器来看，与宝墩文化一脉相承。而二期至四期，则属于青铜文化。其出土的青铜器、玉器、金器等，又与金沙遗址出土的有相似之处……

正是这些丰富的出土文物，让现在的我们得以一窥古蜀人的生活。

在如今的金沙遗址博物馆，一年一度的金沙太阳文化节上，总会举行一场祭祀迎新活动，以重现3000年前古蜀王国的盛大祭典……是的，三星堆遗址和金沙遗址都呈现出明显的祭祀特点，比如三星堆遗址出土的青铜雕像群，有可能就来自神庙，而金沙遗址祭祀区东部，考古人员曾发现9个神秘的柱洞，经过研究还原，被认为是"古蜀大社"，即一座"木质高台祭祀建筑"的遗迹。

在人们对自然界还缺乏了解，并对自然界充满恐惧和敬意的时代，祭祀是很重要的一件事，贯穿于政治、军事和日常生活中。祭祀不仅仅要向神灵乞求保佑，还是宗教崇拜的一部分，甚至也是文化娱乐生活的一部分。

在金沙遗址，曾出土了著名的"太阳神鸟"金箔。"太阳神鸟"金箔轻薄而小巧，仅20克重，但它采用镂空方式表现的图案，则有奇妙之处。它的内层图案是一个有着12道弧形旋转光芒的圆形，外层图案则是四只逆时针飞翔的神鸟，彼此相接……像四只围着太阳飞翔的神鸟。另一件金冠带上，则有四组由一鱼、一鸟、一箭组成的图案，每组之间又有一个圆日图案。

无独有偶，在三星堆遗址出土的金杖，上面的图案也由类似的一鱼、一鸟、一箭组成，同样共计四组，只是因为器物形式不同，所以排列方式略有差异。而在四组图案的最下端则是两个头戴似太阳花瓣王冠，正开怀大笑的人面像。有专家认为，这个人面像可能就是太阳神。另外，在三星堆遗址，更是出土了大量表现神鸟的青铜器。

显然，太阳和神鸟在古蜀国人的心目中占有重要地位,成了他们崇拜和祭祀的对象。一鱼、一鸟、一箭的图案,也可能是在表现他们打鱼和狩猎的情形。事实上,在三星堆和金沙遗址,还发现了包括蛙形、虎形的金器和石器,或者雕刻了相关图纹的玉器等。这些,都可能跟古蜀人的宗教崇拜和祭祀活动有关。

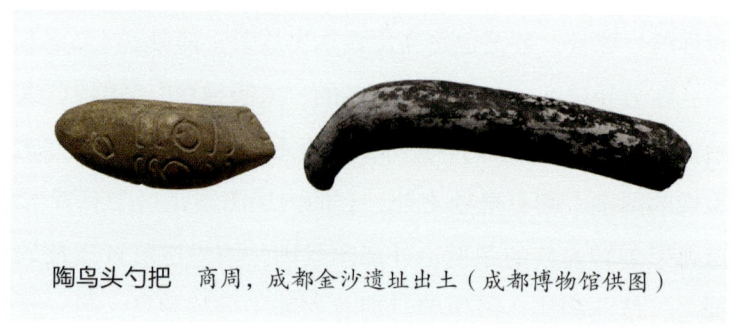

陶鸟头勺把　商周,成都金沙遗址出土(成都博物馆供图)

在古蜀国时期,成都平原上可能分布着大大小小的部落,他们或许都有着自己的崇拜对象,同时也尊崇势力最强的"盟主"的崇拜对象——太阳和神鸟。于是有人分析和想象,认为在成都平原上,一开始是"三星堆王国"最为强盛,一统四方。而后来"三星堆王国"逐步衰落,而"金沙部落"逐渐强盛,最终取代了"三星堆王国"成为盟主……

这些当然是在考古基础上的想象。那么,古蜀国的祭祀活动究竟是怎么一回事呢?

在三星堆的出土文物中,有一件两米多高的青铜大立人,其身着华服,戴着高冠,空着的手上原本应该持着法器之类的重要物件。而在金沙遗址,也出土过一尊头戴"太阳帽"的小铜人立像。这个铜人戴着一个环形帽圈,十三道弧形芒状饰沿着帽环边缘,呈反时针旋转,看上去很像太阳的光芒。他穿着短袍,腰带上斜插一短柄杖,脸部比较瘦削,但眉弓突起,大眼圆睁,神情很是肃穆。考古专家们认为,这两件铜立人像,要么是群巫之长,代表部落向神明祭拜,要么是当时的最高统治者。两件人像在风格上有传承沿袭的关系,或许,他们有着共同的宗教和祭祀的规范。

于是,一幅生动的祭祀画面,随着大开的脑洞,开始呈现在我们面前——

在金沙王国的祭祀区,一座由9根巨大的图腾柱搭建的祭礼高台,耸立在平原之上,这是金沙王国最神圣的地方。在有着特殊意义的日子,或者当王国有灾害发生,比如洪水侵袭,比如连月干旱,蜀王就会带着群巫和自己的臣子,来到这里向神灵祭拜。拜太阳、拜神山、拜祖先、拜鬼神,甚至种子下地、水稻收割,也要事先祭拜一番。

首先,人们摆上祭祀器具,比如跪着的人像、石虎,珍贵的象牙，盛着美酒的青铜器……雕刻了专门图案的玉琮、玉璋，也以特定的方式出现在仪式上。在蜀王的带领下，人们戴着铜面具或金面具，开始嘶吼着唱歌，跳一种专门祭神的舞蹈……一番仪式之后，戴着金冠带的蜀王，肃穆而庄严地走上高台，向着太阳所在的方向，念着祈求的咒语，虔诚地拜倒。而台下的众人，也跟随一同拜倒，如同神灵经过带起的大风刮过，压倒了众人的头颅。

在成都城北的驷马桥附近，考古学家们还发现了西周时期的一个巨大的祭坛，即羊子山土台。这个祭坛建于商末周初，一直使用到秦灭巴蜀之前。其高达12米，底座面积超过19000平方米，规模巨大，应是古蜀开明王朝建的国家祭坛，主要用于祭天之类的大型祭祀活动。

虽然《山海经》中说，古蜀国"都广之野"，"有膏菽、膏稻、膏黍、膏稷，百谷自生，冬夏播琴"，自然条件十分优越，但古蜀国的人们也不得不一边通过自己的辛勤劳动，打猎、种地、驯养家畜，一边还得向未知的神明，祈求风调雨顺，获得丰收。其实，那载歌载舞的祭拜仪式，又何尝不是古蜀人表达情感的一种文化娱乐活动呢？

而统治阶层也依靠神秘的神权，来显示王国的繁荣，加强自己的权威，以确保辽阔的疆域稳稳地掌握在蜀王的手中。

◎知道多一点

金沙遗址的裸体石人像到底是什么人？

金沙遗址曾出土十余件跪坐的裸体石人像，引起了人们的猜测。这些石人像均呈跪坐状，双手反剪在背后，并被绳子捆绑，嘴唇和耳朵等处涂有朱砂，神情肃穆，身上一丝不挂，头发则被梳成"中分"式样，像翻开的书，有的脑后刻有辫子，有的则没有。在三星堆遗址、方池街遗址也出土过同一时期，即商周时期的类似裸体石人像。但在四川之外，还没有类似的发现。

关于这些裸体石人像，有人认为它们是巫师，是祭祀中的一种仪式，也有人认为可能是战俘，还有人认为可能是祭祀中献给神灵的人牲的替代品……那么，它们到底是做什么用的呢？

恐怕要留待日后揭晓了。

第三节　田园牧歌：
炊烟袅袅的日常生活

◎看文物

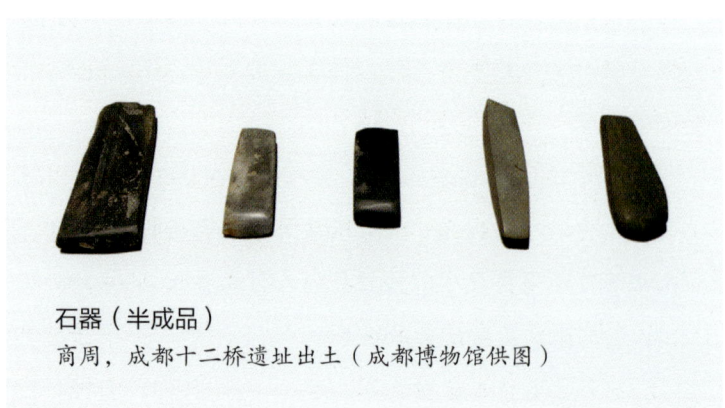

石器（半成品）
商周，成都十二桥遗址出土（成都博物馆供图）

　　商周时期成都平原遗址出土的石器，磨制类的主要有斧、锛、刀等，打制类则主要是一种盘状的砍砸器，没有发现石锄、石铲之类的大型生产工具。专家们认为，成都平原当时的农具，主要以竹木类为主，而斧、锛、刀、砍砸器这一类的石器，主要用于制造竹木类工具。

◎ 读成都

三星堆王国在距今3000年左右消失了，在一场洪水冲毁了城邦之后，或者整体迁徙了，或者慢慢衰落灭亡了，而成都平原的文明中心，转移到了成都平原腹地，进入了十二桥文化时期（距今约3200年—2600年）。在现在成都的城西片区，发现了以十二桥遗址为代表的数处大致同时期的遗址，其中包括抚琴小区、方池街、指挥街等。金沙遗址也属这一时期，而且是其中发掘面积最大的一处遗址。

从三星堆遗址、金沙遗址、十二桥遗址及商业街船棺遗址等成都商周时期遗址出土的各种精美的铜器、玉器、金器、漆器、陶器来看，在商周时期的古蜀地区，人们已经有了明显的社会阶层和明确的社会分工，除了统治阶层，还有各行各业的从业人员，至少包括巫师、农民、猎人，以及铜器、金器、漆器、陶器等手工匠人。

从这些遗址的考古发现，我们可以了解到古蜀人民的一些生产和生活状态，甚至包括他们住什么、吃什么、穿什么、留什么发型……

十二桥遗址，是一处包含大量居住区和大型木结构宫殿式建筑的商周时期的古蜀建筑遗址，是一个中心聚落。它当年应该是淹没于一场洪水，所以大量的建筑在泥水下被完整地保存下来，有的房子甚至连草顶都在。因此，它为我们提供了非常清晰的古蜀人的住房样式。

其实，在早于这一时期的宝墩古城和郫县三道堰古城遗址，人们发现了一种"木骨泥墙小房子"。修建这种房子时，大概是先按屋基的位置挖一些坑，埋进竹子或者木头作为墙骨，然后用篾条在墙骨上编成网状，再把加入了草料等纤维物的泥巴抹上去，经过烘烤后，就成了墙体……这些房子大多呈方形或长方形，也相互组织连成"套间"。

在十二桥文化时期，这种房子得到了明显的升级，成为一种干栏式建筑。他们先在地上打上密集的木桩，然后在木桩上铺设圆木和木板作为地板。之后，才继续像宝墩文化时期建"木骨泥墙小房子"那样，立木柱、编竹篾墙、糊草泥、盖草顶。但并不像之前那样，拿火来烧烤泥墙了。这种房子，由于居住面不在泥地上，所以更能避潮湿，而且比宝墩文化时期的房子更高更敞亮。在当时，可以说是相当舒适的住房了。

至于大型的宫殿建筑，则更显"档次"，不但规模宏大，还有"廊"和"庑"彼此相通，比普通民居更气派，也更具休闲功能。

这一时期的人们，食物来源主要有以下几个方面。

肉食，一是通过打猎获得，二是通过饲养获得。金沙遗址曾出土大量野猪獠牙和鹿角，应为打猎所得。三星堆一号坑曾出土动物骨骼，经鉴定为猪和羊之类，也有水牛的骨骼。在二号坑，则出土了青铜的水牛头和公鸡。在指挥街遗址和方池街遗址，都曾出土家养的犬、马、猪、羊、牛、鸡等动物骨骼。可见饲养的家畜家禽很丰富，肉类食物也有很多选择了。

粮食，则以种植水稻为主，人们甚至因为粮食丰收，还酿酒。无论是三星堆遗址，还是金沙遗址，都出土了大量陶质酒器。这些酒器，既包括酿酒用的高领大罐，也包括陶盉这样的饮酒器，还有瓮、缸、壶等盛酒器。

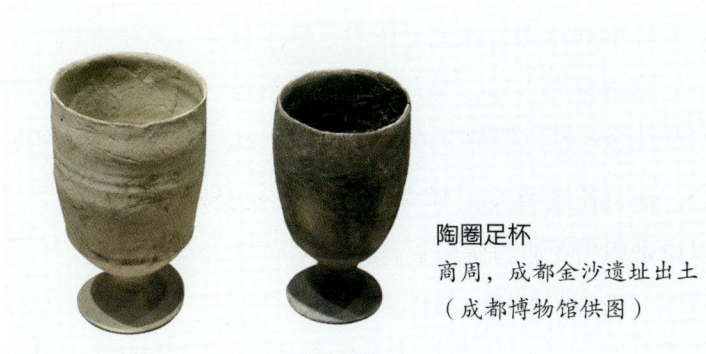

陶圈足杯
商周，成都金沙遗址出土
（成都博物馆供图）

此外，金沙遗址出土了十分丰富的炊器、食器、饮器、水器、酒器等陶器，显示了当时食物的多样性……想来当时的人们，也会与几个亲朋好友，围坐在一起品尝美食、畅饮美酒，过着一种别样而普通的生活。当然，三星堆遗址也出土了一些青铜酒器。但在那个时代，珍贵的青铜酒器主要还是用于祭祀场合。

三星堆和金沙遗址出土的一些人像，则让我们了解到那个时代成都平原的人们的衣着和发型等。

比如三星堆出土的青铜大立人，其身上"穿"的衣服就非常华美。它的衣服以在青铜上刻画的方式进行表现，分为里外三层，连内衣上都有花团锦簇的绣纹，中衣则是一件"燕尾"式样的棉衣，外衣被推测为"王服"，是一种"鸡心领左衽长襟衣"，胸前和背部还刻有龙形……而金沙遗址出土的小青铜立人像，服饰也有明显特点，除了戴着环形的冠帽，还扎了腰带，穿了鞋袜。三星堆出土的一些跪坐青铜人像，身着短衣和"犊鼻裤"，显然是当时一些社会地位比较低下的仆役的穿着。

在三星堆遗址、金沙遗址、十二桥遗址、指挥街遗址、方池街遗址等商周时期遗址，都曾发现过纺轮，有石制的，也有陶制的。这些纺轮在新石器时代有多种用途，比如结绳记事、编制器物和纺织衣服等，是非常重要的

第一章 古蜀时代,田园牧歌

陶纺轮 商周,成都市区出土(成都博物馆供图)

工具。结合青铜大立人身上的服饰,可见当时的成都人已经有比较成熟的纺织技术了,甚至可能已经制作出了蜀锦或蜀绣的雏形,一些有权势的人物也是身着锦绣了。

在这些人像上,我们还可以看到这一时期的人们在发型上也呈现出多样性。最明显的特征,是当时的成都人,至少一些特定职业者,如祭司、巫师或部族首领,很流行留辫子。比如上面提到的青铜大立人,在他的脑后就拖着一条颇长的发辫;而金沙遗址出土的小铜立人像,脑后同样留着长辫。那批裸体跪坐石人像,除了头像瓦片状的"中分",大部分人的脑后都刻着长辫,呈四索双股的样子,并列下垂,一直到后腰处。显然,留长辫是古蜀人的一种传统和风尚。当然,三星堆出土的铜像中,脑后发型除了辫发，还有椎髻和短发等形式，甚至还有一种像发辫盘在头上的帽箍。

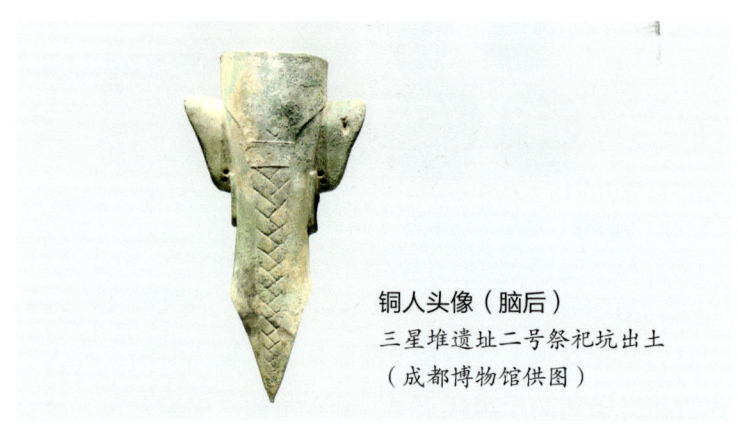

铜人头像（脑后）
三星堆遗址二号祭祀坑出土
（成都博物馆供图）

值得一提的是，商周时期成都平原上的人们，除了有各种大小的祭祀活动外，也像同时期的中原人一样，喜欢把龟壳灼烧出纹路来进行占卜。在十二桥、方池街、抚琴小区等商周遗址，都曾发现占卜用的龟甲。占卜是古蜀人的日常生活，就像后来的人喜欢看黄道吉日一样，无论是出兵征战这样的国家大事，还是打猎、播种、嫁娶，甚至做了一个梦，都要拿龟甲来占卜一下，以测吉凶。据说古蜀人喜欢用龟甲占卜，跟当地出产龟有关系。

◎知道多一点

金沙王国的乐器——石磬

去成都金沙遗址博物馆参观，人们可能会发现一种像磨盘一样的大石头。这并不是什么磨盘，它叫石磬，是一种乐器。金沙遗址出土了全国最大的石磬，长达107厘米。石磬在演奏时，需用绳子穿过中间的孔悬挂起来，然后以手击磬，发出声响。这些石磬现在仍然可以敲出清脆的声响来。

金沙遗址曾出土上千件的石器，除了石磬，还有石璋、石璧、石斧等，应该都是礼器，而石磬同时也是乐器。看来，古蜀人在金沙遗址时代，不但有了完备的礼仪制度，还有了自己的音乐，生活得颇有情趣。

第四节　蜀王奢华：古蜀文明的背影

◎看文物

船棺　战国，成都商业街船棺遗址出土（成都博物馆供图）

　　商业街船棺遗址是古蜀国最后一代王朝开明氏的家族墓地，共出土大型船棺和独木棺17具。最大的一具船棺长达 18.8 米,被人们称为中国的"船棺王"。

◎读成都

如果说上一节,我们谈的是古蜀人的日常生活情况,那么这一节要讲的,就是古蜀人生活中最奢华的那一部分,即蜀王的生活面貌。蜀王的奢华生活虽然不值得推崇,但他们使用过的那些器物,确实为我们展示了古蜀文明最辉煌的一面。

这要从两个重要的墓地说起。一个是商业街船棺墓,另一个是新都马家战国木椁墓。这两个墓地都是开明王朝后期蜀王的墓地。古人事死如事生,会把生前使用过的器物带到地下,所以墓地里出土的文物,往往反映出当时人们的生活方式和审美情趣。

2018 年 1 月,成都文物考古研究院宣布,经过近 17 年的努力,终于完成了成都商业街船棺葬出土的 290 件竹木漆器类文物的保护修复。这其中,包括两套战国早期漆床,这也是中国迄今为止发现的年代最早、结构最完整的漆床……大床长 2.55 米、宽 1.3 米、高约 1.8 米,小床则长 1.95 米、宽 1 米,床身用朱、赭两色绘制精美的回首状龙纹及蟠螭纹。大床的顶部,还刻有各种神秘符号。这两套大型的彩绘漆床，堪称那个时代的顶级奢侈品！

看到这两套精美的漆床，人们又想起在2000年发现商业街船棺遗址时的震撼。这个面积巨大的家族墓地，共出土大型船棺和独木棺17具，最长的"船棺王"长达18.8米。其余的船棺中，有3具大棺，13具小型独木棺。另外，还有一些殉人或放置随葬品的小木棺。在那个时代，这些巨大的船棺，没有大量的人力物力和巨额的财富作支撑，是不可能制作完成的。同时，人们还在墓地处发现了陵园建筑的遗迹，规模也不小。

虽然墓地早在汉代就被盗了，但船棺里还是出土了很多文物，除陶器和竹木器外，漆器、铜器、青铜巴蜀式兵器等贵族用品尤为引人关注。特别是其中的漆器，除了耳杯、梳子这样的小器物，还包括大型的几案、器座，甚至还有悬挂大型编钟、编磬的漆架，这些都是典型的宫廷用品。而花了17年修复的两套大床，更是显示出不同寻常。随葬于墓中的这些高档用品，应该是蜀王生前用过的。

第一章 古蜀时代，田园牧歌

漆床 战国，成都商业街船棺遗址出土（仿制品）
（成都博物馆供图）

　　这些在地下埋藏了两千多年的漆器，出土时仍然像新的一样，色彩和纹饰十分精美，令人赞叹。可以想见，这位长眠于此的蜀王，生前过得十分奢华和潇洒，在管理国家的闲暇时光，也会坐在几案前，喝一杯美酒，听着现场演奏的音乐，看着妃子们翩翩起舞。夜晚来临，蜀王就在气派的大漆床上就寝，而不是像人们想象的那样睡在低矮的榻上。若干年之后的汉代，曾被蜀王喜欢的成都造漆器，开始风靡中原。在贵州清镇、湖南长沙马王堆汉墓，甚至朝鲜都曾发现成都造的漆器，"成市草"三个字，成为知名品牌。

如果说这位蜀王生前还过得比较悠闲，那一定是他所处的开明王朝时期少有忧患，国力也颇强盛，所以他才有钱有闲，让臣民们不辞辛苦，从远处搬来巨大的木头制作成船棺，供他和家人死后葬进去……也有另一种说法，认为这些船棺都是二次葬，有可能是开明王朝把宗庙从双流迁到成都，于是把列祖列宗的遗骨都迁葬到了这里。但有一点是肯定的，墓地里随葬的器物，都是宫廷用品，也是当时最为时尚和奢华之物。

另一位葬在新都马家战国木椁墓里的末代蜀王，恐怕就没有这么幸运了。

新都马家战国木椁墓发现于1980年，远远早于著名的商业街船棺墓葬，那时候甚至连三星堆祭祀坑、十二桥商周遗址、宝墩古城、金沙遗址等都还没被发现。因此，当人们发现这座稀有的高规格大墓，并从里面发掘出大量商周至战国时期的青铜器、漆器和陶器时，禁不住惊喜异常。这可都是宫廷用品啊！人们基本确认，墓中葬的是古蜀晚期的开明九世至十一世之间的一位蜀王（开明十二世死于秦灭蜀的乱军之中，不可能葬得这么豪华）。这是目前发现的古蜀时期规模最大的墓葬。关于古蜀王，以前从来只出现在一些文献中，能亲眼见着他们的遗骨和使用过的器物，实在太难得了。

跟后来发现的商业街船棺墓葬一样，新都马家战国木椁墓也是早在汉代就被盗墓贼光顾过了，墓葬里放置随葬品的八个边厢，除了剩下一些陶器和水晶珠，就是一些彩绘漆器的残片。但是，盗墓贼还忽略了一个位于独木棺下面的"腰坑"。在这个"腰坑"里，出土了200余件青铜器，都是以兵器为主。除了刀剑等兵器外，还有编钟、甑、鼎、勺、豆、盘、手锯等实用器物。

新都马家战国墓印章
战国，新都马家战国墓出土（成都博物馆供图）

既然随葬有这么多的兵器，说明这位蜀王要么是热爱打仗，要么是不得不打仗。这一点，也跟春秋战国时期蜀国尚武，与周边国家战事频繁的情况相符合。比较有意思的一点是，在出土的青铜器中，有巴蜀式兵器、印章，又有楚文化风格的铜鼎、铜缶、铜敦等。其中一个被命名为"邵之飤鼎"的青铜器，形状与湖北江陵望山楚墓出土的铜鼎器物特征基本相同，而邵，可能为楚国贵族三大姓之一的"昭"。这说明，开明蜀国与荆楚之间颇有渊源。"楚风"在当时应该算是异域情调，而蜀王的日常生活，恐怕也混搭了"蜀风"和"楚风"，整个古蜀国的"时尚先锋"，引领着古蜀贵族们的生活潮流。

近年来，在成都地区不断发现战国时期的船棺墓葬，如2016年在蒲江发现一处战国时期的船棺墓地，发掘出60座船棺墓葬，出土陶器、铜器、铁器、漆木器、竹质器、草编器、玻璃器等随葬器物300余件，包括11件刻有巴蜀图语的印章；2017年在青白江区大弯镇双元村发现春秋战国时期的大型船棺墓群，出土大量的青铜器、陶器、漆木器、玉石器，很多青铜器和漆器保存完整，制作精美。其中的部分青铜器与楚文化青铜器风格相近。

金沙遗址、十二桥遗址、商业街船棺葬、蒲江战国船棺墓群、青白江双元村春秋战国墓群……这一系列重要的发现，使商周时期至战国晚期的古蜀文明序列越来越清晰。古蜀文明的神秘面纱终将被揭开，而古蜀时期成都人的历史文化、生活状态和习俗等，也将被人们越来越清晰地认识。

战国时期的成都人戴古埃及饰品？

2016年，成都蒲江发现一处战国时期的船棺墓地，经过5个月的考古发掘，发掘出60座船棺墓葬，其中包括11枚印有"巴蜀图语"的印章，而墓主可能是当地的地方管理者。最让人称奇的是，这里出土的一对玻璃饰品"蜻蜓眼"。"蜻蜓眼"是一种玻璃珠串饰，串饰中部的圆形玻璃珠上，饰有蜻蜓眼睛造型，色泽饱满，异常精美。它曾是古埃及流行的一种饰品，人们把它佩戴在脖颈上。

当然，考古人员发现它时并不确定这对"蜻蜓眼"到底是从古埃及原装进口的，还是当时成都人仿造的"山寨货"。但有一点可以确定，当时的成都跟中东地区已经有文化交流。

【第二章】

晓看红湿处
花重锦官城

文物中的成都生活
WENWUZHONGDE
CHENGDUSHENGHUO

第二章 晓看红湿处,花重锦官城

第一节 赏花:
尚想锦官城,花时乐事稠

◎看文物

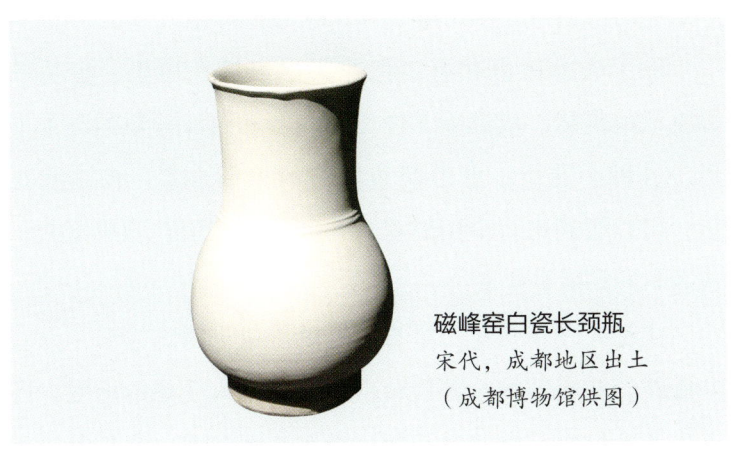

磁峰窑白瓷长颈瓶
宋代,成都地区出土
(成都博物馆供图)

磁峰窑是目前四川发现的最大的宋代白瓷烧造窑场,其烧造的白瓷器在成都地区多有发现。这款白瓷长颈瓶作为插花容器，非常美观。

◎读成都

成都人的生活，与花是分不开的，这从她的别称——蓉城，就能看出来。蓉城的"蓉"，是指芙蓉花，因花得名。成都的一年四季，仅仅是以花为名的节会活动都有好多。比如龙泉驿的桃花节、新津的梨花节、青白江的樱花节……从看桃花梨花开始，一直看到冬天的蜡梅，但凡有一点花的消息，成都人都不辞辛苦地去欣赏。

除了去郊区赶花会，把花买回来插在瓶里，也是一种生活的趣味。成都除了像三圣花乡和温江等地的花木市场，各种小花店，更是遍布城市的大街小巷。在这些花店，可以买到来自全国的花卉，或在自家阳台养成盆栽，或者拿回家插进花瓶……

成都人爱花赏花，是有渊源的。成都博物馆里，辟有"瓶花与花事"的专题展台，介绍成都人爱花的历史，还展出了几种唐宋时期的花瓶。既有本地产的白瓷长颈瓶和铜瓶，也有外地产的各种瓷瓶。

以瓶插花，原本起源于佛教，出现在魏晋南北朝时期。人们在佛前的瓶里插上时令鲜花，以示供奉，被称为

"佛花"，以松柏、水仙、荷花等为主。到了唐宋时期，瓶花开始走进宫廷和文人书房，及至成为平常百姓的家庭装饰。

"晓看红湿处，花重锦官城"，唐代诗人杜甫曾寓居成都近四年，在他的很多诗里都写到成都的花，可见那时候的成都人，种花、养花、赏花，已经是寻常事了。非但如此，唐代的成都，已经有了专门的花市，供人们买卖花木。唐代的萧遘于881年（唐僖宗中和元年），写了一首题为《成都》的诗："月晓已开花市合，平江偏见竹簰多。好教载取芳菲树，剩照岷天瑟瑟波。"是为花市期间的成都盛景。

到了两宋时期，成都人种花爱花又有"升级"。陆游有诗云："当年走马锦城西，曾为梅花醉似泥。二十里中香不断，青羊宫到浣花溪。"可见当时成都种花之盛，尤其是城西，夹道栽种梅花，有了相当规模。

成都的花市，即在唐代花市基础上发展而来的青羊宫花会，已非常繁盛。青羊宫花会是成都人将宗教传说和世俗生活结合的典范，究其根源，还是跟成都人喜好游乐有关。成都人爱花，自然要有交易花木和赏花的地方，传说农历二月十五日是花神的生日，所以便把这一天定为成都的花朝节（花朝节各地时间不一，跟气候影响花信有关）。

而另一个传说,农历二月十五日也是道教始祖李老君的生日,所以要举行庙会。于是,成都人把两个传说结合在一起,在青羊宫形成了庙会和花会一体的盛会。花会期间,去青羊宫赏花游玩,再买些花木回家栽种或者插在瓶里,是成都人在春天里必须要做的事。所谓:"尚想锦官城,花时乐事稠。金鞭过南市,红烛宴西楼。千林夸盛丽,一枝赏纤柔……"正是说成都春天的花市之繁盛。

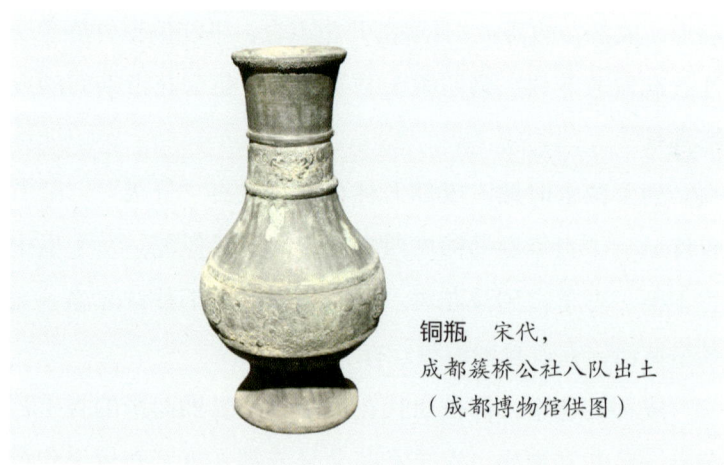

铜瓶　宋代,
成都簇桥公社八队出土
(成都博物馆供图)

说到成都花的品种,实在数不胜数。这跟成都湿润的气候有关,所谓天府之国,包括粮食在内的各种植物,都极易生长。曾有人统计青羊宫花会上的花草品种,竟然多达百余种。而在两宋时期,成都知名的花木,尤其以天彭牡丹和海棠最为有名。

天彭,即现在的成都彭州,自古有"花州"的美名。历史上曾是与河南洛阳、山东曹州、安徽亳县齐名的四大牡丹种植基地。诗人陆游就说:"牡丹在中州洛阳为第一,在蜀天彭为第一。"他又写诗称道:"常记彭州送牡丹,祥云径尺照金盘。岂知身老农桑野,一朵妖红梦里看。"

两宋时期,牡丹盛开时节,许多城市都会举办热闹的赏花会,成都也不例外,以"天彭牡丹"为最有名。其实,早在唐朝末年,成都就基本上没有种植牡丹了。但五代时前蜀皇帝王建,从北方引种了牡丹到成都自己的御花苑里,使成都重新有了牡丹。

后蜀的孟昶也在御花苑中种植牡丹,还召集官员一起赏花玩乐。当时在彭州任职的官员,从御花苑中得赐牡丹花种,种植到了彭州。从北方引种到川西的牡丹,因为气候等原因,慢慢形成了自己的特点。花蕊夫人在《宫词》中对此有所描述,说:"牡丹移向苑中栽,尽是藩方进入来。未到末春缘地暖,数般颜色一时开。"原因是成都气候比北方暖和,牡丹花开得更早,而且各种颜色一起开放,别有一番风情。

陆游记述道:"天彭,号小西京,以其俗好植牡丹,有京、洛之遗风。"到彭州丹景山赏牡丹的习俗，延续至今，而丹景山已发展成为我国西部最大的牡丹观赏中心。彭州从1985年以来连续举办了十七届彭州牡丹花会，已成为全国最大、最有影响力的三家牡丹花会（洛阳牡丹花会、菏泽国际牡丹花会、彭州牡丹花会）之一。

海棠花早在汉代就进入了皇宫禁苑。而成都的海棠，唐宋时期最为繁盛，在国内都很有名。比如唐代诗人贾岛曾写过一首《海棠》，赞叹沿锦江两岸种植的海棠花："昔闻游客话芳菲，濯锦江头几万枝。纵使许昌诗笔健，可能终古绝妍辞。"

到了宋代，在成都做官的陆游，又写了一首关于海棠花的诗——《驿舍见故屏风画海棠有感》，说"成都二月海棠开，锦绣裹城迷巷陌"。又说"燕宫最盛号花海"。燕宫指五代后蜀的燕王宫，曾是成都海棠花最多最繁盛的地方。

除了牡丹与海棠，成都历史上的名花，还有芙蓉。

芙蓉花，至今仍是成都的市花，也跟上面提到的后蜀孟昶有关。传说孟昶为讨花蕊夫人欢心，在成都的城垣上遍种芙蓉，绵延四十里，每到开花时节，花团锦簇，灿若锦绣。从此，成都便有了一个别称"芙蓉城"，又叫"蓉城"。

回溯成都"花事",可知今天成都人热爱"赶花会"、花木市场繁盛的原因。2018年春天,成都"重启"千年花市,设了"青羊花肆""锦江花肆""少城花肆""百花潭花肆""温江花肆"五大主题展销区。其中"百花潭花肆"以展销观花类盆景为特色,其他花肆主要展销时令鲜花、年宵花等,以再现当时花市二月百花盛开的胜景。

◎知道多一点

青羊宫花会的多种经营

青羊宫花会原本是将庙会和花朝节结合在一起的,所以除了看花买花,还有很多庙会上的玩意儿,吃喝玩乐购,样样俱全。到了明清时期,花会竟然还同时成为农副产品交易的场所。1905年,官府干脆借青羊宫的花会办起了"劝业会",邀请各县工商业者来成都大搞展销和物资交易。到了民国初年,还引入了"打金章",即武术擂台赛,各种江湖艺人云集,小吃店也赶来凑热闹,青羊宫正门外和二仙庵前的空地,都租给商家搭棚卖货。花会,成了一个以"花"为名义的综合性节会。

1959年,成都将各单位送展的花木就地固定,成立有围墙的"青羊宫花园",常年开放,即后来的文化公园。从1980年开始,每年的花会就在与青羊宫一墙之隔的文化公园举行。

第二章 晓看红湿处，花重锦官城

第二节 闻香：
即将无限意，寓此一炷烟

◎看文物

邛窑乳浊绿釉双耳鼎式三足瓷香炉
宋代，邛崃十方堂5号窑包出土（成都博物馆供图）

邛窑烧制了品种繁多的陶瓷产品，其中就包括各式各样的焚香器具，有三足、四足、五足、钵式、杯口、筒式及仿青铜鼎等样式。

◎ 读成都

"沐手焚香",代表中国古人对做一件事的重视。"沐手焚香方开卷",就是读书人对待书的敬重态度,要洗了手、点上香,才能开卷读书。北宋陈与义曾写过一首《焚香》,说:"明窗延静书,默坐消尘缘。即将无限意,寓此一炷烟……"就是说,在读书的时候,旁边焚了一炷香,可以静心除秽……焚香,说得上是古人的一种生活方式。

对此,成都人自然也不例外,而且在焚香方面,形成了自己的特点。在成都博物馆的陈展品中,我们可以看到很多跟焚香有关的文物,如香炉、香盘等,样式不一,各有特点,反映出古代成都人在焚香这种生活方式上的一些态度和特点。

对香味的追逐和喜爱,大概是人类的天性。焚香最早可能出现在祭祀中,早在战国时期,中原地区就开始流行薰香了,那时的人们即便外出,身上要也挂一个装有香草的香囊,以香体祛秽。秦统一全国之后,使各地在对香的喜好方面,有了更多交流。

尤其是到了两汉时期,由于国力的进一步增强和对外交流的增加，来自西域的香料开始传入中国。沉香、青木香、苏合香等香料也在这一时间从域外进入中国。在王公贵族中，更是流行薰香的风气。不但在室内薰香，还对衣服、被子等进行薰香；在宴饮娱乐场合，更是少不了薰香。薰香甚至成为一种礼仪，比如晚辈去拜见长辈，需要佩戴香囊，以示慎重和尊敬。

薰香成了一种时尚，除了追求好的香料，薰香的用具如各种薰炉、薰笼等也相应发展，样式多，制作精美。汉代著名的香炉——"博山炉"，在四川的一些汉墓里也有发现，如2010年在汉源县就曾出土过一个东汉时期的青铜博山炉。博山炉在当时是一种奢侈品，说明当时的蜀地，在薰香方面，也受到中原地区风气的影响。

当然，随着佛教和道教的兴起，人们在生活中大量使用香料。尤其是早期的道教，对香的使用很重视，到了汉末，用香成了常事，读道书要焚香，炼丹之前也要焚香。而成都是道教发源地之一，道家的逍遥安逸的生活态度，融入普通百姓生活之中，自然受这方面的影响也大。

成都博物馆展出有一个唐代的镂空金香囊，从侧面呈现成都人在唐代有多么喜欢用香。毕竟，唐朝是中国历史上的一个盛世，经济发展好，又开放包容，很多外国人到中国来，也带来了更多国外的香料香品。比如成都人在唐宋时期的用香,就跟一个外国人的后代有关。

这个人,就是前蜀时期的李珣。李珣祖籍波斯,早在隋朝时,他的先祖就来到中国。到了唐朝初年,这家人就"顺应潮流"跟着皇帝改姓李了。安史之乱期间,李氏一族来到蜀地梓州定居。李珣是在梓州出生的,人称"蜀中土生波斯人"。李珣是一个诗人,同时也继承了先祖买卖香料的家业,对香药很有研究。他在游历岭南之后,甚至还写过一本《海药本草》,全书收录药物124种,其中96种标注外国产地,亦有很多香料记载其中。

李珣兄妹三人,弟弟李玹也以卖香料为生,还喜欢炼制丹药。妹妹李舜弦,则是前蜀皇帝王衍的昭仪。因为如此,李氏兄弟经常出入皇宫,跟贵族们打交道,向他们介绍了很多来自域外的香料。

邛窑乳浊绿釉双耳鼎式三足瓷香盘
宋代,邛崃十方堂5号窑包出土(成都博物馆供图)

两宋时期，香事更是在成都流行起来。由于航海技术的进步，海上香料运输兴起，使得更多外国香料传入中国。成都与其他城市的交流也更加频繁。香事逐渐融入祭祀、宴饮、祛疾等日常生活之中。北宋时，焚香还是官宦和富豪的奢侈消费，有的贵重的香，只有在大型庆典中才使用；到了南宋年间，焚香就成了普通大众的生活常事了，焚香、点茶、挂画、插花成了城市人闲情逸致的体现。在一些茶楼和酒楼，也安排有和端菜、斟酒同等的杂工，专门负责焚香。街上也有了专门卖香的店铺，甚至还有游走卖香的小贩。

当然，在宋代，贵族和普通大众对香的消费方式还是有很大区别的。皇室宫廷用香求贵重，祭祀中用香，日常生活中也用香。皇帝甚至还以贵重的香赏赐有功的臣子，以示皇恩浩荡。一般权贵，有钱有权，自然也用得起好香，他们还聚众品评，类似现在一些人聚在一起开雪茄派对。

而在一般文人那里，焚香是一件雅事，不追求贵重，只喜欢清雅的香料。焚一炷香，读几页书，或者赏画抚琴，或好友清谈，都是很有情趣的事。文友之间，偶尔以香相赠，甚至一起以香为题作诗，酬唱应和，也是佳话。如北宋苏东坡，就对香很有研究，也写过很多关于焚香的

诗词，如"金炉犹暖麝煤残，惜香更把宝钗翻。重闻处，余熏在，这一番气味胜从前……"（《翻香令》）

至于民间节日，更是用香的高峰，多与宗教习俗有关。像除夕、春节、元宵、端午等等节日，都有焚香的习俗。

明代的曹学佺，在《蜀中广记》中记载了蜀人制作香料："蜀人以温梓切去顶、剜去心，纳檀香、沉香末、并麝少许。覆所切之顶，线缚蒸烂。取出俟冷，研如泥。入脑子少许和匀，作小饼烧之，香味不减龙涎。"说蜀人以特别技艺制作的香料，不比贵重的龙涎香差多少。

与此配套的，是成都人为香事生产的各种用具。成都的瓷窑，如青羊宫窑、邛窑等都曾烧造香炉。成都博物馆展出的邛窑双耳鼎三足瓷香炉、三足瓷香盘、五足瓷香炉等，都是焚香用具的精品。这些造型各异的香炉，是成都香文化的一种记录和体现。

知道多一点

曾在成都做官的诗人范成大，还是一位香学大师

南宋诗人范成大，跟成都颇有渊源。他在成都任知府兼四川制置使，时间近两年。两年间，他写了很多赞咏成都的诗篇，而且政绩卓著。陆游说他："及公之至（成都）也，定规模，信命令，施利惠农，选将治兵，未数月，声震四境。"范成大还开创了成都筑石街的先河，在任期间修筑十四条石街，让老百姓免受行路泥淖之苦。

但很多人不知道，范成大还是一位香学大师。范成大喜欢隔火薰香，技法十分高超，可以使"炭烬而气不焦，馨香弥室"。在各种香料中，他独喜沉香。在来成都任职之前，他曾撰写《桂海虞衡志》，并在书中专门设了"志香"一部，对很多香料进行记载和品评，对中国香文化影响颇大。

第三节 文房：
老妻画纸为棋局，稚子敲针作钓钩

◎看文物

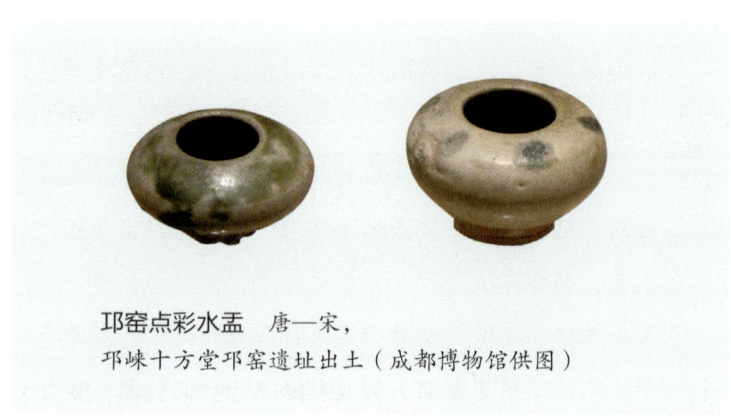

邛窑点彩水盂 唐—宋，
邛崃十方堂邛窑遗址出土（成都博物馆供图）

水盂是古代读书人用于砚池的贮水小罐，被称作"文房第五宝"。水盂放在读书人的文案上，既实用又具观赏价值。

第二章 晓看红湿处,花重锦官城

◎ 读成都

唐宋时期,尤其是在宋代,"蜀多文士"全国知名。成都博物馆展出的这只邛窑遗址出土的点彩水盂,就是唐宋时期成都文人生活的一个见证。

宋朝的吴自牧曾在《梦粱录》中写道:"烧香点茶,挂画插花,四般闲事,不宜累家",说这四项闲事,都是挺败家费钱的事。于是,烧香、点茶、挂画、插花,成了文人生活中的四大闲事。烧香和插花,前文已提过;点茶,后面的章节会有专文叙述。这里先来说挂画。

挂画跟饮茶有关,也始于饮茶。唐代茶圣陆羽的《茶经》中写道,在饮茶前,要把《茶经》的内容用素绢四幅或六幅,写了张挂在茶座旁。这叫饮茶挂画。但这挂的,并不是真正意义上的画。而真正意义上的"挂画"始于宋代,这据说与成都有关。

话说唐末皇帝僖宗李儇,很喜欢绘画,后来逃难到四川,随行有一批职业画家,以便随时给他画肖像。相当于现在外出,还带几个专业摄影师。但是到了四川,有一个名叫常重胤的画家,也给李儇画了一幅肖像,结果比其他"专业摄影师"都画得好,李儇一高兴,封常重胤为"驾前翰林待诏"。

后来唐朝灭了，王建在成都自立为帝，就是历史上五代时期的前蜀。这段时间里，很多画家为了避乱来到了成都。王建对常重胤这个"驾前翰林待诏"也很器重，并养了一批出色的画家为宫廷作画，设了"内廷图画库"。而在这期间，除了皇宫养画家当"摄影师"来画人像和写真，花鸟、山水画也在民间兴起。像著名的画家黄荃，除了在宫廷画人像，更以工笔花鸟画闻名。到了后蜀，皇帝继续以翰林待诏礼遇画家，还成立了翰林图画院，这实际上是中国历史上第一个皇家宫廷画院。这个画院由黄荃具体管理，他的两个儿子也是花鸟画名家，也进了画院。

后来，后蜀被北宋灭了，宫中所有的画，还有翰林图画院的全部人马，都被送到北宋京城汴梁（今开封）去了。北宋朝廷以这批画家为主体，成立了皇家画院。而那批后蜀宫中的画，据说被宋太祖赵匡胤赏赐给了汴梁城东门外的茶馆。而茶馆老板得了画，很激动，马上就在茶馆里挂了出来，还大肆广告宣传。从此以后，茶馆就有了张挂名人书画的风气，而平常大家饮茶，也开始在茶室或茶座旁挂画了。

这个说法，来源于宋代诗人陈师道的《后山丛谈》，不知真假。但前蜀和后蜀的绘画风气很盛，出了孙位、黄荃、贯休、石恪等具有宗师地位的著名画家，使得成都在两宋期间承袭了绘画、赏画的风气。

饮茶和挂画，的确是两件相得益彰的雅事。挂画的内容，也从最早的"茶经知识"，逐渐丰富起来，凡诗、词、字、画的卷轴，表达闲雅情趣的字画作品，都成为饮茶挂画的内容。而挂画，也慢慢从饮茶挂画，延伸到室内挂画鉴赏和雅集赏画。至于文人在书房挂画，那就是常事了。

对成都文人而言，其生活显然不止"烧香点茶，挂画插花"这么简单。

除了欣赏画作，文人们也常常自己动手写书法和画画，很多诗人作家，同时也是书法名家。成都博物馆中展出了多部砚台，或是从古墓中出土，或是陶瓷窑所造，见证了成都文人书房生活的一个侧面。

风字砚
宋代，成都地区出土（成都博物馆供图）

琴棋书画，被称为"文人四艺"。所有古时文人除了读书吟诗，常常以琴棋为乐事。成都的文人也不例外。说起琴，首先想到的，一定是司马相如以一曲《凤求凰》琴挑卓文君的浪漫故事。汉代郫县人扬雄也对古琴很有研究，还著有琴学专著《琴清英》。到了唐代，成都抚琴之风更盛，还出了一个著名的斫琴世家——雷氏。《四川通志》写道："琴最于蜀，制者数家。唯雷氏而已。"这个家族以雷拜开始，传承了多代，制作了很多绝世名琴。后来前蜀和后蜀时期，成都音乐氛围很浓，大概也与此有关吧。

说到成都人下棋，那话题就更多了。古人所谓琴棋书画的"棋"，一般指围棋或象棋。1992年，在成都龙泉驿发现的秦人墓群里，出土了很多画像砖，其中一块《仙人对弈画像砖》上，画着两个仙人正在下围棋，其中一人手捏棋子正在犹豫，对面一人则开怀大笑，颇为生动。成都体育学院博物馆收藏有一套汉代围棋文物，包括21颗黑子4颗白子。看来，在秦汉时期，成都人便会下围棋了。

三国时期，围棋在蜀国也颇为流行，包括诸葛亮在内的文臣武将，都喜欢下围棋。诸葛亮琴棋俱通，还是围棋高手，据说他的一些排兵布阵之法，也是从围棋中悟来的。而很多地方，都留下了他下围棋的传说和遗迹。

到了唐代，下围棋更是文人的日常了。寓居成都的杜甫，曾作《江村》诗："老妻画纸为棋局，稚子敲针作钓钩。"夫妻俩没事下下围棋，气氛也很悠闲、恩爱。巧合的是，前些年，考古工作者在杜甫草堂博物馆唐代遗址发现了一枚唐代围棋子，棋子上还留有烧制者的指纹。

唐宋时期，人们还喜欢下象棋，皇宫里还设有"棋待诏"。白居易的《和春深二十首》诗中说："何处春深好，春深博弈家。一先争破眼，六聚斗成花。鼓应投壶马，兵冲象戏车。弹棋局上事，最妙是长斜。""兵冲象戏车"，说的就是下象棋。

而成都人则给我们留下了下象棋的实物见证。成都天府新区万安镇的一个唐宋墓里，曾出土一套青铜的象棋子，一共30枚，散落在墓主人身边。可见墓主人生前是个象棋爱好者。而从墓中出土的其他随葬品来看，墓主人虽然是个平民，但也算是富裕人家的子弟。显然，当时的成都经济发达，人们比较有时间下棋休闲。

不管是"烧香点茶，挂画插花"，还是"琴棋书画"，都是人们热爱生活的体现。成都作为天府之国，大多数时候经济发展很好，相对于中原地区又少了些战乱，人们自然愿意把时间花在这些休闲的生活方式上。安逸的休闲成都，就成了自然而然的事。

◎知道多一点

传说中的"相如抚琴"台

司马相如为卓文君抚琴的爱情故事流传甚广，关于他们的传说，也有很多。在成都城西，曾有一座状如小山的土堆，被人们称作"抚琴台"，传说是司马相如和卓文君夫妇在成都的居住之地，他们经常在这台上抚琴唱和。抚琴台往西，还有抚琴台街、抚琴小区等，都是因这个"抚琴台"而得名。

但是，在抗日战争期间，人们在抚琴台旁挖防空洞，无意中发现土堆下竟是一个墓葬。1942年，经过正式的考古发掘，确认这个土堆下面，实际上是五代时期前蜀皇帝王建的陵墓，即现在的永陵。

经过考证后，人们认为真正的抚琴台，其实在百花潭公园一带。现在，成都在百花潭公园附近，打造了以司马相如和卓文君的爱情故事为主题的琴台路，来纪念这段与文人和音乐有关的浪漫爱情。

第四节 闺乐：
慢梳鬟髻著轻红，春早争求芍药丛

◎看文物

铜镜
宋代，成都文家公社红旗六队出土（成都博物馆供图）

以上文物均为宋代铜镜。依次为成都文家公社红旗六队出土的"成都造"葵花形铜镜，雅安荥经出土的铜镜，成都金牛区范元嘉墓出土的凤鸟纹葵花铜镜和湖州铜镜。

文物中的成都生活

铜镜就是用铜做的镜子,是古人整理妆容的必备器具和闺房用品。

◎读成都

"云想衣裳花想容,春风拂槛露华浓……"唐代大诗人李白,曾用这样的诗句来赞美杨贵妃的姿容。看见天边的云彩就不禁想起她的衣裳,看到娇嫩的花朵就不由得想起她的容颜……而对女性来说,穿什么样的衣服,梳什么样的发型,戴什么样的首饰,从来都是非常重要的事。

历史的时间轴很长,潮流时尚自然也是变化莫测。想必要将古蜀时期到现在成都女性服饰与妆容的流变写成一本书也是写不完的。

从成都博物馆的展出文物入手的话,可以看看后蜀赵廷隐墓出土的乐伎俑,那些仪态曼妙的女性的服饰和发型,虽然是"演出妆",但也反映出唐代,至少是晚唐时期的风尚。在唐代,很流行假髻,就是梳得高大复杂的假发。《新唐书·五行志》里说,杨贵妃就喜欢戴假髻穿黄裙。唐朝诗人王建,曾在一首《宫词》里调侃戴假发这事儿,说宫女跳舞,结果头上的假髻掉在了地上:"玉蝉金雀三层插,翠髻高丛绿鬓虚。舞处春风吹落地,归来别赐一头梳。"想一想那场景，也是很好玩的。

前蜀皇帝王建，其陵墓上刻的女性乐伎，则呈现出多种发型。她们的发髻样式相似，都是额前略为卷起，再向后梳。挽髻则有22种之多，有双鬟髻式、单鬟髻式等，可以说是晚唐前蜀时期女性发型的一种集中展示。

唐代是一个包容又时尚的时代，经济繁荣，女性也喜欢梳妆打扮，仅发髻就有很多样式，并且随着时代的变化而变化。比如初唐时期，有半翻髻、乐游髻等，到了唐明皇时期，则又流行贵妃作愁来髻、回鹘髻等。这跟现在三个月一轮回的时尚潮流，颇有相似之处。

晨起梳妆，慢慢打理自己的头发，也算一种女儿心事。花蕊夫人曾在宫词中写道："慢梳鬟髻著轻红，春早争求芍药丛"，形象地表达了这种情景和心情。

宋代妇女的发式，大多跟晚唐五代相似，也喜欢梳高高的髻，并将以金、银、珠、翠制成的各种花鸟凤蝶形状的簪、钗、梳、篦，插在发髻上作为装饰。当然，已婚女性和未婚女性，发饰上有所区别。比如南宋时期，四川的未婚女性，喜欢梳一种高高的"同心髻"，并在上面插六只银钗，后面则插一把手掌大小的象牙梳……这是陆游《入蜀记》里的记载，你能想象出来，那到底是种什么样的画面吗？

唐宋时期的女子，也喜欢化妆，比如画眉，就是一种时尚。这一时尚也深入成都女子的闺房生活，还有人整理了一套"西蜀十眉图"。据说安史之乱时，唐玄宗逃难来到成都，让画工画制了十眉图，有横云、斜月等，类似于现在的化妆手册，爱美的女性朋友，可以照着来描眉。

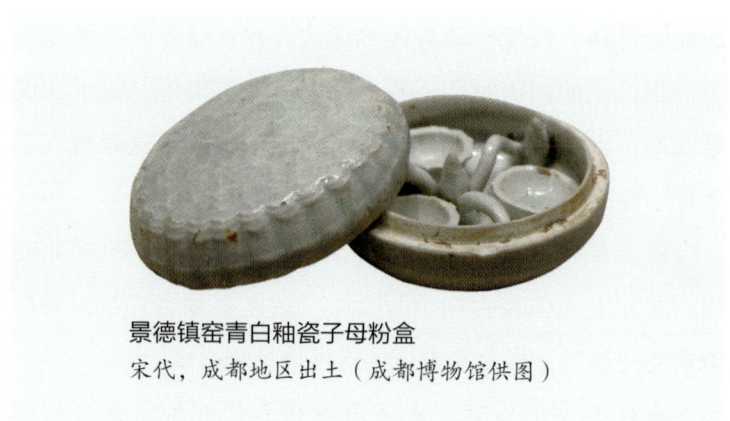

景德镇窑青白釉瓷子母粉盒
宋代，成都地区出土（成都博物馆供图）

但画眉不是唐宋女子的发明，早在先秦时期，从贵族到平民，画眉都已成闺房时尚了。画眉的时尚也在变化，先秦时期，主要是把眉毛画得更黑，汉代则开始用青黛色。到了唐五代时期，前沿的时尚变成了"翠眉"。这种"翠眉"在成都也很流行。五代时前蜀的宰相、词人韦庄，写词描述成都女子的眉说："闲抱琵琶寻旧曲，远山眉黛绿。"

女性画眉的样式，则有粗眉和细眉之分。唐代之初，流行细长的眉，到了武则天时期，却又开始流行很粗的一种眉。这大概跟武则天时期女性地位较高有关，因为粗眉看上去更健康、更有活力。但过了一些年头，女性又开始喜欢细长的眉了，就是柳叶眉。细长的眉因为很显女人味而长时间流行，直到现在。

当然，女性化妆，远不止画眉这么简单，唐宋时的成都女性也是一样。据考证，唐朝时的女性化妆，有如下步骤：涂铅粉—抹胭脂—涂额黄—修蛾眉—贴花钿—点面靥—点绛唇。跟现在有什么透明妆、烟熏妆一样，那时候的种类也不少，比如有酒晕妆、桃花妆、飞霞妆、泪妆、啼妆、血晕妆等。比如这泪妆，就是先把双眉修成八字眉，再画上黄粉乌唇，使脸上看起来略有哭相，所以叫"泪妆"，又叫"啼妆"。

在成都地区多年的考古活动中，发掘出了很多女性的化妆用具，在成都博物馆多有展出。比如各式铜镜、粉盒、胭脂盒等。开一开脑洞，想想她们的闺房，还是很绮丽多彩的。比如梳妆台上，有很多化妆工具和化妆器。首先，得有一把磨得透亮的铜镜，然后摆上粉盒、胭脂盒、油缸、妆盘等成套妆具。

自然，首饰也是不少的，冠梳、钗簪、耳环、钏镯、戒指、帔坠等金银首饰一应俱全。宋代女性特别喜欢头饰，簪、钗、梳、篦都拿来插在头上。李清照曾写过一首《永遇乐·落日熔金》，里面说到看元宵灯会的妆容是："铺翠冠儿，捻金雪柳，簇带争济楚。"就是说，戴着以翠鸟羽毛装饰的帽子，用白绢制成的头饰，并且还加了金饰，并认为这样才算漂亮。

另外，玉器在宋代的首饰中也占了一定地位。这一时代的玉器，不再局限于巫术、礼仪和丧葬意义，更加注重其观赏价值，开始更多地为人们使用、玩赏、收藏。佩玉，就是市民生活中最为流行的一类玉器。

金簪、金手镯、绿松石耳环
宋代，成都地区出土（成都博物馆供图）

到了宋代，无论是服饰还是妆容，虽然遗承了唐风，但更多地趋向质朴、自然、清淡和素雅。

比如服装方面，宋代女性，特别是贵妇的服装，在配色方面，多采用间色粉紫、黑紫、葱白、银灰、沉香色等，不像唐代多是红紫、绿、青为主，这样就显得淡雅和文静一些。衣服上的花纹，也更生动、活泼和自然。普通平民女性的服装，则普遍是青色和白色。

◎知道多一点

五代时成都的美女

在位于成都十陵镇的后蜀宋王赵廷隐墓，不仅发现大量伎乐俑，还发现了壁画。经过几年的努力，考古人员于2017年底修复了部分壁画。考古人员经过红外扫描，发现复画上有一些隐线，竟然是一幅仕女图。经过精心修复，一幅非常清晰的线描仕女图呈现在世人面前，这位女子不仅面容丰满，头上还堆着云髻。

穿越近千年的时光，一幅在古墓里不见天光，被尘埃遮盖的仕女图，让人们重新看到五时代时期成都美女的样子。这幅壁画也将向公众展出。

【第三章】

四时有游乐 辟出新风景

文物中的成都生活

WENWUZHONGDE
CHENGDUSHENGHUO

第三章 四时有游乐，辟出新风景

第一节 歌舞：
锦城丝管日纷纷，半入江风半入云

◎看文物

歌舞宴乐画像砖
东汉，成都曾家包汉墓出土（成都博物馆供图）

成都曾有多处汉墓出土画像砖，题材丰富，生动再现了汉代成都人的日常生活。像这样在宴席上观看歌舞表演的画像砖也有很多。可以想象,当时成都一些富贵人家莺歌燕舞的奢华生活。

◎读成都

说到"成都人"的歌舞之风,大概可以追溯到古蜀时期。那时候的祭祀仪式中,有专门的祭祀舞蹈。《山海经·中山经》说:"凡岷山之首……熊山,帝也。其祠:羞酒,太牢具,婴用一璧。干儛,用兵以禳;祈,璆冕舞。"就是说,在岷山山域的一些古老部落,在祭祀时有手持盾牌或玉璧舞蹈的习俗。而在三星堆遗址古蜀人生活区,人们发现了一只陶埙;在金沙遗址出土了很多石磬;还有一个玉琮上也刻有一个平举双手长袖飘逸的人像,似乎正在舞蹈,人们推测这是一个正在祭祀中舞蹈的巫师。音乐和舞蹈,早已深植于古蜀人的生活。

到了先秦时期,开明王朝统治下的蜀地,歌舞宴乐之风更盛,而且给我们留下了生动而形象的记载。

在成都百花潭附近战国墓出土的"嵌错宴乐渔猎攻战纹铜壶",壶身上有一组"宴饮舞蹈图":在一个宽阔的建筑物内,上层有一人坐着,身后有侍者持长柄扇,面前两人举觯进献。在右边,则有四个佩剑者执矛者,正作舞状。下层的演奏者，堪称一支小型的乐队。九个演奏者中，有敲打编钟和编磬的，有吹奏笙箫的，还有敲击镦于的……他们神情专注，定然是在合奏一支了不起的大型乐曲。显然，这种大型的演奏形式，是经过历史长河的沉淀才可能如此成熟。

传说开明王朝一位蜀王纳了一名武都艳女为妃，但这位妃子水土不服，想回武都老家去，于是蜀王命臣子作《东平之歌》来取悦她。这虽是传说，但也从侧面反映了在开明时期，成都人已经习惯以歌舞的方式来表达感情。

到了汉代，那些生动的画像砖和陶俑，则把成都人载歌载舞的生活方式更多地呈现在我们面前。

1981年，在金牛区金泉街道辖区内发现了东汉墓葬"曾家包汉墓"，其墓室和甬道两侧的画像砖，非常生动地呈现了汉代成都的社会风情。这些目前在成都博物馆展出的画像砖，以表现成都的市井生活、庄园生活为主要内容，包括街道、田园、狩猎、酿酒、织造、养老等等。也有我们在本节开头展示的那块"歌舞宴乐画像砖"，主人坐在案几前宴饮，厅前则是奏乐和舞蹈的人。另一块"歌舞杂技画像砖"上，除了观看宴饮的宾客，奏乐二人，舞蹈则是一男一女的二人舞蹈，女子长袖飞逸，舞姿优美。

在旁边，还有两个杂耍艺人正在抛接小球……

在羊子山汉墓，也出土了很多画像砖，其中的宴饮歌舞场景更为盛大。主人坐在垂有帐幔的家中，除了丰盛的菜肴美酒，身后还有婢女侍奉。歌舞之中，艺人很多，跳丸的舞剑的，盘鼓舞、宽袖舞一应俱全……

根据历史文化专家们的研究，在汉代有"百戏"一说，来代指当时所有的音乐、舞蹈和杂技表演形式，音乐方面有吹笙、抚琴等，舞蹈方面则有鼓舞、长袖舞、剑舞、双人舞和建鼓舞等。建鼓舞是以长袖击鼓而舞，具有技巧性和观赏性。电影《十面埋伏》里章子怡甩袖击鼓的舞蹈，曾给人们以惊艳之感，不知道是否是以此为灵感而设计的。

唐代是中国文化发展的一个高峰，音乐和舞蹈艺术形式前所未有的丰富。杜甫在《赠花卿》一诗中说："锦城丝管日纷纷，半入江风半入云。此曲只应天上有，人间能得几回闻。"便是对唐代成都歌舞之风的生动描述。

唐末五代时期，由于成都偏安一隅，使得大唐盛世的歌舞遗风在这里得到继承和发扬。在成都博物馆，我们可以通过唐五代时期的考古文物，来了解这一时期成都人的娱乐生活。

成都博物馆展示的后蜀赵廷隐墓出土伎乐俑，堪称一支豪华的歌舞团。赵廷隐作为后蜀帝国的三号人物,权势和财富都十分了得,家里自然也会养着这样的乐伎,想必墓中的随葬品,也是现实生活的写照。

彩绘陶吹笛俑
后蜀,成都龙泉驿区赵廷隐墓出土(成都博物馆供图)

赵廷隐墓出土了20余件伎乐俑,有乐俑、歌俑和舞俑,个个表情生动,服装艳丽。琵琶、鼓、笙、排箫等乐器配备齐全,舞俑则柔美和刚健相济,堪称五代时期成都音乐和舞蹈的完美呈现。

在此前,另一座著名的五代时期墓葬——永陵,也以"二十四伎乐"而闻名。这一批刻于石棺棺床上的"宫廷歌舞团",包括22个乐伎和2个舞伎,乐器之全、场面之盛大，令人感叹当时宫廷歌舞宴饮时的恢宏与大气。

经专家们研究，五代时成都的宫廷歌舞团队，乐器包括了弘乐器如琵琶、筝、竖箜篌，管乐器如笛、笙、箫、贝、吹叶等，还有打击乐器如拍板、正鼓、和鼓、齐鼓、铜钹等。这些乐器既包含中原乐器，也有西域传来的胡乐乐器。

舞蹈则分为软舞和健舞两大类。健舞是指动作矫健、节奏明快的舞蹈，如剑器舞、柘枝舞等。这些舞蹈有独舞，也有群体舞；软舞则是舞姿轻盈、优美柔和的舞蹈，如《绿腰》《春莺啭》《回波乐》等。

其实，赵廷隐墓的发现，还让我们联想起五代时成都娱乐生活的另一方面——歌。赵廷隐的儿子赵崇祚是《花间集》的编著者。五代时期，成都生活安逸，在贵族中流行写花间词，出了很多厉害的词人，还形成了一个流派——花间词派。花间词其实是依律填词，写好之后，由歌伎广为传唱。所以，《花间集》其实算是一个当时宫廷歌舞团的歌唱选本。

在宋代，人们继承了唐人的歌舞之风，一些歌舞形式也有所发展，如出现了由众多女子组成的采莲舞队，甚至还出现了"瓦肆勾栏"这样的市民阶层娱乐演出场所，可以说歌舞更加风行。而经过宋元连年的战争，音乐和舞蹈慢慢从宫廷走向民间，出现了很多适合民间的表演形式……

◎知道多一点

前蜀皇帝王建的重口味音乐

永陵是前蜀开国皇帝王建的陵墓，石棺棺床上刻的"二十四伎乐"再现了唐末五代时的宫廷乐队盛况。专家们对"二十四伎乐"研究分析发现，22个乐伎使用了多种乐器，其中鼓类就有8种9件，包括正鼓、和鼓、齐鼓、毛员鼓、答腊鼓、羯鼓、鞉牢、鸡娄鼓，几乎占了一半。显然，这支乐队的演奏风格是比较豪放和气势磅礴的。

这大概跟王建的经历和性格有关。王建原本是个大字不识的市井粗人，唐末加入忠武军，成为忠武八都的都将之一。因救护唐僖宗有功，成为神策军将领。后来四处打仗，成为割据一方的军阀，直至在成都称帝。作为一个军人出身的皇帝，喜欢"摇滚范儿"的"重口味"音乐，也就不足为奇了。

第二节　逛市：
游人炫识货，善价求珍奇

◎ 看文物

市肆画像砖
东汉，成都曾家包汉墓出土（成都博物馆供图）

画像砖中央为一座高楼，形成了一个类似广场的地方。以此为中心，向四个方向形成四条大街，街上有叫卖的商贩，也有往来游走或讨价还价的市民……类似的画像砖，成都曾有多处出土。

◎ 读成都

成都人爱热闹，喜欢逛街、逛市场。买不买东西是其次，主要是好玩看稀奇。这在成都，是有传统的。这就要从秦汉时期说起。

所谓有人即有城，有城就有市。古蜀时期的成都人如何逛市交易，不得而知。但成都城的开端，就跟"市"有关。

秦灭蜀之后，派张仪筑了成都城，"周回十二里，高七丈"。但这个城是作为官衙和军营来使用的。普通老百姓在城西城墙根儿下逛，慢慢形成了棚户区一样的集市。官府于是把这个棚户区改造成了商业区，专供商贾交易和平民居住。就是后来的少城。

少城是按当时的首都咸阳的规格修建的，还设有城市和市场管理部门，所谓"营广府舍，置盐铁市官并长丞，修整里阓，市张列肆，与咸阳同制……"这大概相当于当时的"春熙路"了。

而成都出土的一些以市肆为题材的汉代画像砖，则比较生动地呈现了秦汉时期成都人逛市场时的情景，或购物交易，或无事闲逛，或在酒楼上高谈阔论。在汉代，成都是益州的治所，设有盐、铁、市等管理官员，各种商品如漆器、麻织品、错金银器等，在全国都很有名，甚至出口到周边国家，可以说商业十分发达。三国时期更是开设官市，鼓励农商，商业比中原的魏国都要兴旺。而成都人也在这些商业交易中受惠，有街市可逛，有热闹可看。

如果说秦汉时期是成都商业的发展期，唐宋时期则是兴旺期，成都人可逛的市场更多了，逛市场时的玩法也更丰富了。

唐代成都实行里坊制，"坊""市"分离，都是用围墙围起来，定时开关门。"坊"是居民区，城里有金马坊、碧鸡坊、文翁坊等十六坊。"市"是商业区，有了蚕市、药市和七宝市等著名的专业集市，后来在城郊又有一些不大正规的"草市"，诸如米市、炭市、麻市、鱼市等。成都江南馆街唐宋街坊遗址，在唐代就位于富春坊的东北隅"大区"内。到了中唐以后，成都成为与扬州并列的全国两大商业都会之一，颇为繁盛。里坊制的围墙慢慢被打破，商业愈发繁荣。通过对江南馆街唐宋街坊遗址的考古发掘，发现这里还有道路，道路两侧有错落有致的房子，均面向街道开门，属于街边铺面房。

到了宋代，成都人口大增，商业优势依然明显，城内大小市集密布,所谓"带二江之流,为一都之会,四民州处,万商成渊"。宋人李良臣在《东园记》中描写当时的成都说:"万井云错,百货川委,高车大马,决骤于通逵……"可以说从瓜果蔬菜到奇珍异宝,应有尽有,热闹非凡。有这么得天独厚的商业气氛,成都人逛街、逛市场的热情自然不减。曾在成都任职的北宋名臣赵抃,在《成都古今集记》里说,宋代的成都每月都有市集,所谓"正月灯市,二月花市,三月蚕市,四月锦市,五月扇市,六月香市,七月七宝市,八月桂市,九月药市,十月酒市,十一月梅市,十二月桃符市"。

灯市是从唐代开始的,自腊月末至正月初,有各种奇巧彩灯应市,称为"灯市",是针对春节特定时期形成的市集。而宋代的成都花市比唐代更热闹,每月都有,又以青羊宫至太局观锦江边的"二月花市"最为出名。

文物中的 *成都生活*

"三月蚕市"微缩场景 （模型展示）

"三月蚕市"以微缩场景的形式表现宋代成都大慈寺旁的春季蚕市场景。场景中的街道以江南馆街坊遗址发现的宋代道路为设计基础，再现宋代成都市集的热闹与城市的繁华。

成都博物馆"三月蚕市"微缩场景，展现的就是著名的"蚕市"。"成都古蚕丛之国，其民重蚕事，故一岁之中，二月望日，鬻花木、蚕器，号蚕市……"（《方舆胜览》）作为一个以"蚕丛"而始的地方，养蚕一直都与成都人的生活息息相关。成都蚕市的历史很悠久，而宋代时候最为繁盛，一般正月至三月举行，官府也很重视。蚕市期间，祈求蚕事兴旺，纪念蚕丛，又或者交易养蚕用具、蚕种，进行娱乐活动等。

而且蚕市也不只在一个地方,大慈寺、圣寿寺、学射山等十多个地方都设有蚕市,售卖交易各种丰富的货物,从各种珍贵的玩意儿,到农桑具、日用品及花木果草药,都有交易。在"三月蚕市"微缩场景中,我们可以看到,街道两旁有饭馆酒楼、茶馆、绸缎庄、香铺等各类店铺,来往的人络绎不绝,可以买卖蚕具、花木、果品、药材、杂物等,甚至还有戏曲和游艺娱乐表演,已不是简单的蚕市,而是超越了专业市集的概念,成为吃喝玩乐购一体的商业活动,所谓"蚕市搭台,经济唱戏"了。

这样的市集,自然能吸引很多普通市民的参与。田况在《成都遨游诗·五日州南门蚕市》一诗中,对宋代成都蚕市有描述:"游人炫识货,善价求珍奇。予真徇俗者,行观亦忘疲。"

药市是专业市集,一年也要举行三次,分别是二月八日、三月九日的"观街药市"和九月九日"玉局观药市"。其他各月的市集,有的按货物种类命名,有的依时令季节而举办,成都人可以一年逛到尾。

宋元连年战争,成都受战祸影响,商业方面严重衰落;明代才略有恢复,到了清代顺治年间,张献忠攻占四川又再次带来战乱,不仅商业遭到破坏,连人口都锐减,所谓"十户九虚",唐宋时期市民逛市场的盛况,不再复现。

而经过清代的多年发展，成都的商业又开始慢慢复苏，人们逛街、逛市的商业中心，慢慢固定下来，与今日成都的繁华商业地带位置基本一致，如商业场、东大街、总府街、盐市口一带。特别是光绪年间，成都还设了劝业会，修劝业场，推动了商业的发展。

劝业场于1909年开业，第二年更名为"商业场"，是当时成都及周边地区最大的一个商场街，也是四川最早的近现代商业街。这里的商家，都是从全成都挑选的品牌商家，既售卖本地精品货物，也销售附近地方的特产，甚至京货、广货、苏货等国内潮品，也有巴黎香水、法兰西绢绸、八音钟表等洋货出售，成为成都人最时髦的逛街、逛市之所……

◎知道多一点

成都的夜市

北宋时期，政府撤销了夜禁制度，不再限制营业时间。在一些商业集中的街区和娱乐场所，就慢慢形成了通宵营业的夜市。如大慈寺前的解玉溪两岸，就有夜市可逛。成都太守田况逛过之后，写诗说："万里银满贯紫虚,桥边螭蟠待星姝……"夜市内容丰富,什么稀奇古怪的玩意儿都有。除了美食摊点,还有古董玩器、旧书、玩具、帽子和首饰等杂货。

这一盛况到了清代则有了更大发展,《成都通览》里记载说,当时成都"夜市在东大街、西大街,上自城守衙门起,下至盐市口止,百物萃集,游人众多……"而且夜市分四段,每一段售卖货物特色不一样。当时的夜市都是地摊,黄昏时开摆,至二更才散。

第三节 出游：
槛外游人满，林间饮帐鲜

◎看文物

辎车画像砖
东汉，成都曾家包汉墓出土（成都博物馆供图）

这块画像砖上，一辆马车正在奔驰，车上坐了两人，车顶有盖，显然是权贵人士。车旁有两位步行者，应为侍从。这车儿快跑，不知去干吗。但谁又敢断定，他们不是

第三章 四时有游乐,辟出新风景

打马驱车,出城游玩呢?

◎ 读成都

时至今日,成都人一年四季的游乐之风,仍然十分盛行。从春节前后逛灯会、庙会开始,到春天赶郊县各种花会踏青游,及至四季瓜果采摘等等。每到节假日,"川A大军"自驾出游,近者郊县,远者云贵,凡出蓉高速公路,全部堵成停车场,可见成都人对游乐,有多么热情⋯⋯

一切都是习惯使然。成都人,并不是今天才学会游乐的。

"天府之国"这个称号,在东汉末年就已经有了。原因是成都自然条件优越,粮食丰收,农业和经济都发展得很好。因为如此,成都人就特别会享受生活。汉代之后,游乐之风渐起,及至隋唐,已然声名在外——成都人"多溺于逸乐"。到了宋代,干脆"游赏之盛甲于西蜀","扶老携幼,阗道嬉游",原因还是"地大物繁而俗好娱乐"。(《岁华纪丽谱》)明代蜀成王朱让栩曾为成都提出"成都十景",包括龟城春色、岷山晴雪、阆宫古柏、市桥官柳、草堂晚眺、菊井秋香、墨池怀古、霁川野渡、昭觉晓钟、浣花烟雨等十处城市文化景观，并赋诗赞颂。一直到了清代，《成都通览》还记载成都人的"有期游览所"，从正月到九月，都有游乐的去处。

成都人的出游玩乐，在时间上和空间上都安排得满满的。一年四季月月都有，每个月都能找到玩耍的理由，所以成都太守田况说"四方咸传蜀人好游娱无时"，又说"予尝观四方，无不喜嬉游"。喜欢四处游历的北宋名医庄绰记述说："成都自上元至四月十八日，游赏几无虚辰。"这意思就是，从正月到四月，几乎都有游玩的地方，没有一天放空。

游乐活动不只是老百姓喜欢，官府也乐意组织。而且从一开始就是官府带头的。经过专家的整理，把成都古时一年四季的游乐活动列了出来，发现从正月初一到冬至日，共20种游乐活动，其中19种都有"太守设宴"或"太守领群僚"参与其中，可见这些游乐活动基本都由官府组织或者支持。而这些游乐活动方式多种多样，地点遍及城乡，如游江、登山、赏园、看戏、逛庙等。所以，成都的游乐活动有官民同乐、城乡同乐、僧俗同乐之特点。

那么，成都人如此喜欢出游玩乐，到底都游些什么呢？下面来介绍几种主要的游乐活动。

第三章 四时有游乐，辟出新风景

以春节喜庆为由，整个正月里，成都人的游玩项目颇多。正月初一，成都人都要出门逛庙会，一般出南门去武侯祠、望江楼或丁公祠。到宋代的时候，又有游喜神方的习俗，至清末民初时繁盛一时，至今不衰。所谓"喜神方"，即喜神所在方位，游喜神方即沾沾喜气，祈福来年顺利。初三出东门祭君，初五过小年游武侯祠、望江楼等。正月初七又有草堂人日，所谓"锦水春风公占却，草堂人日我归来"，这一天，人们去杜甫草堂拜谒诗圣杜甫。到了初九，又去石经寺、玉皇观或武侯祠烧香。

元宵灯会，是春节期间的一大重头戏。成都人的灯会，要追溯到早期的道民"七星灯"。但说兴盛，则是唐代以后的事。每到元宵节，成都的城内外都张灯结彩，十分热闹。五代时期，因为皇帝喜欢玩乐，所以灯会就更热闹了。前蜀皇帝王建、后蜀皇帝孟昶，都会在元宵节观灯会，而且携带妃子驱舟在江上观灯赏景，夜半才归。而宋代的成都灯会，包括正月十四到十六，放灯三夜，太守还在大慈寺摆宴。陆游在诗里描述说："突兀球场锦绣峰，游人士女拥千重……"十分热闹。到了清代至今，春节观灯就不再限于元宵了，而是在除夕前两三天就开灯，一直赏到正月十六过完年，才会休息。现在成都的春节期间，除了塔子山灯会（后移到三圣乡），还有武侯祠大庙会、金沙太阳节等,都有丰富多彩的灯展。在古代成都,正月十六又有游城墙去百病的风俗。

二月逛花会,三月逛蚕市,也是成都人很重要的游乐活动,前面已有记述,这里不再重复。我们重点聊一聊非常具有成都地方特色的游乐活动——游江,时间在二月和四月。最初在西郊举行,后来集中在锦江上。

成都人的游江,大概始于五代,主要是皇室贵族的巡游活动。如前蜀后主王衍,于乾德五年的四月,曾坐船游浣花溪。这浣花溪上,从百花潭到万里桥,江上尽是龙舟彩舫,连绵十余里。而江两岸,皆是男男女女的游人。后蜀皇帝孟昶于广政十二年坐着龙舟游浣花溪观水嬉,江两岸种满了奇花异草,远远望去,简直跟仙境一般。

到了宋代,成都人游赏之风有过之而无不及,游江活动也发展为两次,分为"小游江"和"大游江"。小游江在二月二日踏青节,只从万里桥游到宝历寺,规模不如四月,所以叫"小游江"。说规模小,其实也挺热闹,费著在《岁华纪丽谱》里说,小游江也有"彩舫数十艘,与宾僚分乘之,歌吹前导……"田况也对此有描述,说小游江时"彩舵列城隈,画船满江隅"。

小游江已经如此热闹,那四月十九日的大游江,岂不是更不得了。每年四月十九日这一天,不管男女,都换上漂亮的衣服，出了南边的锦官门，再转西行十里，先去梵安寺拜冀国夫人祠，然后游杜甫草堂，再去浣花溪上划船，一路游到百花潭。更重要的是，这大游江太守也要参与，有了官方背景，就更热闹了。费著在《岁华纪丽谱》对此也有描述，说"四月十九日，浣花佑圣夫人诞日也。太守出笮桥门，至梵安寺谒夫人祠，就宴于寺之设厅。既宴，登舟观诸军骑射，倡乐导前，溯流至百花潭，观水嬉竞渡。官舫民船，乘流上下。或幕帘水滨，以事游赏，最为出郊之盛"。大游江，就是打着拜浣花夫人和杜甫的旗号，全城出游官民同乐的大型郊游活动。

寒食节也是重要的游乐期，民间要出城去扫墓踏青。田况在《成都遨乐诗》中说："春风寒食节，夜雨昼晴天。日气薰花色，韶光遍锦川。临流飞凿落，倚榭立秋千。槛外游人满，林间饮帐鲜……"算是对此的生动描写。而这一天，又有游西园的风俗。西园是当时的名园，寒食节这天，从早到晚都有杂耍等活动，人们到这里或看热闹，或饮酒作乐。

成都街边小吃雕塑 （复制造型）

五月有端午节，要去大慈寺买香料、逛街，去江边投粽子；六月有"三伏日"，要避暑江渎池，邀约朋友在船上饮酒吹风避暑；七月七日乞巧节去锦江边逛夜市，然后又有盂兰会，即中元节，大慈寺施盂兰盆，大家也要去游览；八月十五中秋节去西园望月；九月九日重阳节去玉局观药市游逛……诸如此类，直到又是春节。这些游乐活动，很多跟祭神烧香有关，但实际上是借祭神之名，行游玩之实。

◎知道多一点

现代成都有哪些游赏活动？

作为现代化的国际大都市，成都人的游赏活动，自然比古代更丰富，仅仅春天的看花活动，在成都郊县就会举办多次。但其中一些游赏活动，还是属于古时流传下来的。略记几个：

春节的成都灯会，始于唐代，在文化公园；2月的成都花会，始于唐代，也在文化公园；问世于春秋战国时期的风筝节，每年3月在凤凰山举行；每年3月在龙泉驿举行的桃花节，始于1942年；清明节三天，在都江堰灌口镇有放水节，源于古蜀人对岷江水神的祭祀活动；又是清明节前后，始于五代时期的天彭牡丹会，在彭州；而端午节的龙舟会，则在新津县的南河举行。为纪念望丛二帝的望丛赛歌会每年端午节在郫都区望丛祠举行；中秋节的桂花节始于清代，现在新都区桂湖公园举行。

第四节 看戏：
夜行山步鼓冬冬，小市优场炬火红

◎看文物

陶俳优俑
东汉，成都曾家包汉墓出土
（成都博物馆供图）

成都考古发现了很多汉代的俳优俑，或坐或站，个个喜笑颜开、手舞足蹈。这是汉代成都人娱乐生活的一个方面——说唱。

◎ 读成都

在没有广播、电影和电视的古代,听曲儿看戏,是人们生活中非常重要的文化娱乐活动。成都人的看戏生活,大概可以追溯到秦汉时期。

在秦汉时期,即有角抵戏,即百戏,以此来统称歌舞、杂技、杂耍等等表演活动。秦汉时期,宫廷有养俳优之风。优,即优人,以表演戏谑性的乐舞为主。俳,则指滑稽节目——杂戏——的演员,他们的节目已经具有一定故事性。

成都多年的考古活动中,发现了很多汉代俳优俑。成都天回山汉墓、新都马家山汉墓,及新津、郫都区、金堂等都有出土,在成都博物馆可以看到很多。这些汉代俳优俑,其鲜明的特征,给人们留下了非常深刻的印象,呈现了当时成都人的一种娱乐方式——说唱。

这些俳优俑或坐或站,喜笑颜开、手舞足蹈,或伸出舌头挤眉弄眼,或赤身跷脚,手上还拿着鼓之类的乐器,特别喜感。俳优在汉代是作为一种喜剧演员存在的,他们有说有唱,还配有音乐和曲辞,表演幽默诙谐,内容具有讽刺性,大概类似于今天的评书或相声。

这是中国戏剧早期的发展形态,大概也算是川戏的鼻祖了。《太平广记》里记载了一种"斗牛戏"，说李冰在都江堰治水时，跳入水中化为牛形，杀了兴风作浪的蛟龙，从此成都就没有水患了，所以后来春天和冬天就有斗牛戏表演，流传了很久。

三国时期，四川出现了第一部讽刺喜剧《忿争》，算是川剧喜剧的鼻祖，即《三国志·许慈传》里记载的，说刘备"使倡家假为二子（许慈、胡潜）之容"，就是刘备安排了两个俳优，来表演许慈和胡潜两人因不和而影响政务的事。

到了唐五代时期，成都人就更有看戏的福气了。这时候，成都已经有"杂剧"的说法了，还出现了一个"五人剧团"，即由干满川、白迦、叶珪、张美、张翱五人组成的戏班，他们还帮监军演戏筹粮。这是中国戏曲史上最早的戏班，影响十分深远。当时有一个说法，叫"蜀戏冠天下"。比较出名的剧目，有《刘辟责买》《麦秀两岐》和《灌口神》等。唐代段安节的《乐府杂录》里说，唐僖宗逃难到成都时，有个演戏的叫刘真，得到僖宗的赏识，后来随驾回长安，在朝廷的教坊供职。可见当时成都颇出戏曲人才。

五代时期，前蜀和后蜀偏安一隅，包括音乐、舞蹈、诗词、绘画等在内的各种文化娱乐活动，得到进一步的发展，而"蜀戏"也大受欢迎。前蜀皇帝王建，"庭为山楼，以彩为之，作蓬莱山。画彩罗，为水纹地衣，其间作水兽芰荷之类，作折红莲队……以杂彩为二舟，辘辘转动，自山门洞中出……"大意以彩缎布置蓬莱仙山，又把绿色的绫罗铺在地上当作水面，还装饰了一些荷叶莲花之类，作为舞台布置，来演具有故事性的大型乐舞——《蓬莱采莲舞》。这惊艳的舞美设计，堪称"舞台美术"和"实景演出"的先驱。《蜀梼杌》里记载说，后蜀"（广政十五年）六月朔宴，教坊俳优作《灌口神队》二龙战斗之象"。

真正意义上的"川杂剧"在宋代诞生，其中的《酒色财气》，历时千年有余，它们是地地道道的"四川戏"，一般被视为广义上的川剧。除了宫廷，在民间也会有小型的杂剧演出，陆游在《夜投山家》一诗中描述了四川人看夜戏的情景："夜行山步鼓冬冬，小市优场炬火红。"宋代释道隆在《马大师与西堂、百丈、南泉玩月》一诗中说："戏出一棚川杂剧，神头鬼面几多般。夜深灯火阑珊甚，应是无人笑倚栏。"说的是四川当时流行的一种戴假面表演的傩戏，也是川杂剧之一种。

明代时，川人的杂剧有了明显的地方特色，通俗而诙谐，在一些戏曲理论文章中，已经被称为"川调"或"蜀言"，出川去演出，则被直呼为"川戏"。

现代意义上的川戏产生于清代"湖广填四川"。此前的"川调""蜀言"与现在的川剧不是一回事,但为后来川剧的产生奠定了基础。当然,还有一种观点认为,川剧在明代已经成型。

川剧乐器　现代(成都博物馆供图)

明末清初的"湖广填四川"大移民中,随着移民来到四川的,还有他们的戏曲文化。一时之间,四川出现了很多戏种,且常常同台演出,演出市场十分繁荣。如《蜀伶杂志·班目·庆华班》中记载,说在雍正二年,有二十余人由江西来到成都,住在棉花街的药师殿,并招徒教授,成立了庆华班。昆戏注重高腔,影响了川戏。这是川剧中"高腔"的来源。

到了乾隆、嘉庆年间,这些外来声腔由于经常在一起演出,慢慢"川化"并融合和成熟,即所谓"五腔共和"。所谓"五腔",指的是川剧中昆、高、胡、弹、灯五种声腔,即五种音乐表现形式。前四种均为吸收融会外省声腔而成,如胡琴腔源于湖北汉调,弹腔来源于梆子腔等,而灯调为四川盆地原有的声腔。所以,川剧的形成就是一部移民戏曲文化交融的历史。

在清末民初,成都人对川剧非常喜爱,同时也促进了川剧的发展,戏班多、剧目多、名家多。如清代的肖遐亭、岳春、傅三乾等,清末民初的杨素兰、康子林、唐广体等,以及民国年间的萧楷成、天籁、曹俊臣、鄢炳章等,都是著名的川剧名角。而著名的"三庆会"成立于1912年,是由杨素兰、康子林等艺人组成的一个川剧演出"联合会",由八个戏班子集合在一起,对川剧进行改良,在丰富剧目、演出安排、推出名角和培养新人等方面,有了一个系统而良性的机制,使川剧发展迎来一个高潮。

川剧产生于四川盆地特有的人文风俗之中,是四川人性格和文化的缩影和呈现。所以川剧中有高腔来直抒胸臆,剧情又幽默风趣、机智聪明,还融入了变脸、吐火等绝活,使舞台表演丰富多彩又轻松活泼,赢得了无数四川人的喜爱。

川剧剧目众多，在没有电影、电视和广播的年代，成都人曾痴迷于看戏听戏，所以催生了很多戏园和茶园。闲暇之余，三五好友相约，在茶园子里喝着盖碗茶，听着喧天锣鼓，随着戏里人物的喜怒哀乐而感动……这是成都人曾经的日常消遣。除了戏园听戏，民间婚丧嫁娶，也请来戏班唱"板凳戏"，即"围桌戏"。唱戏的人不穿戏服不化妆，一边演奏一边唱戏，但围观民众照样听得津津有味。

成都人不但爱看戏、听戏，很多人还喜欢"玩票"，三五爱好者，自购简单乐器，围坐在一起自弹自唱。时至今日，虽然看川剧的人越来越少，但在一些公园里，仍有川剧爱好者围在一起唱戏自娱。而川剧也被列为非物质文化遗产，得到了保护性传承。

◎知道多一点

新都状元郎杨慎与川戏

明代著名文学家杨慎，是新都（今成都市新都区）人，明代三才子之首。杨慎对文、词、赋、散曲、杂剧、弹词等都有涉猎。如《三国演义》中著名的开篇词《临江仙》，就是他的作品。

杨慎同时也是一位戏曲家,不但喜欢看戏评戏,还创作了《宴清都洞天玄记》《太和记》《割肉遗细君》等杂剧,还有一些戏曲理论文章。明代王世贞在《曲藻》中说:"杨状元慎才情盖世,所著有《洞天玄记》《陶情乐府》《续陶情乐府》,流脍人口,而颇不为当家所许。盖杨本蜀人,故多川调,不甚谐南北本腔也。"因此,有人认为《太和记》是川剧现存最早的剧本。杨慎作为成都人,想必在其杂剧中会自然融入川人风格吧。

【第四章】

今日蜀州生白发
瓦炉独试雾中茶

文 物 中 的 成 都 生 活
WENWUZHONGDE
CHENGDUSHENGHUO

第四章 今日蜀州生白发,瓦炉独试雾中茶

第一节 茶史:
关于成都茶的前世今生

◎看文物

邛窑茶具 唐代(成都博物馆供图)

邛窑所出产的瓷器多为日常用品,销售辐射成都周边地区,茶具即是其中最具特色的一种。透过这些茶具,可以看出成都人的饮茶方式。

◎ 读成都

成都人善饮茶古已有之，于今尤烈。在秦汉时期，四川人就熟悉茶叶，并制茶。成都作为四川的大都市，茶需求市场极大，同时也善于制茶。"武阳买茶"是关于成都周边茶叶市场的最早记录，但不难猜想，由此可能在成都逐渐诞生了成熟的茶叶市场。

根据史料记载，在西汉时代，成都人就有了简单的制茶方法。三国时代，是将茶树鲜叶制成茶饼，用大火烘干，饮用时捣碎冲泡。到了唐代就发明了蒸青方法。即将鲜叶蒸后，捣烂，揉捏成有孔的茶饼，贯串起来烘干，饮用时碾成细末，加水冲或煮沸，又名"碾茶"（这不是今天所谓的"抹茶"）。陆羽《茶经》说："有雨不采，晴有云不采；晴，采之。蒸之，捣之，拍之，焙之、穿之、封之、茶之干矣。"这些采茶法则与饮茶是相配套的，尽量呈现出茶的味道。

在唐玄宗开、元天宝年间，中国饮茶文化产生了一大转变。根据《唐朝穿越指南》介绍，此前的北方人饮的茶里，除了茶叶的涩香味外，还可能有葱、姜、花椒的麻辣味，大枣、桂皮的甜香味，橘皮、薄荷的清凉味，酥酪的奶香味，牛羊猪肉的油腥味……而且，这时的茶还有可能是咸的。此后,饮茶才在全国大范围地流行起来,但喝茶并不是喝茶叶的原味,而是加入各种作料。直到陆羽的《茶经》出现,饮茶才成为一种高雅的艺术。

在宋代,制造饼茶(又叫"片茶")的技术又有改进,鲜叶先洗后蒸,榨出茶汁,然后制成饼茶烘干。最大的特色是出现了龙凤团茶,《宣和北苑贡茶录》说:"太平兴国初,特置龙凤模,遣使即北苑造团茶,以别庶饮,龙凤茶盖始于此。"这种茶的制造工艺共有六种:蒸茶、榨茶、研茶、造茶、过黄、烘茶。而这些制茶技艺最早来自成都。史料记载,邛崃与雅安产的茶,因品质较好,常作为贡品。

值得一说的是,宋元时代,制茶的类别除饼茶之外,还生产蒸青散茶,制法是将鲜叶蒸后,不捣不揉,直接用火烘干,饮用时不再碾碎而是全叶冲泡。蒸青技术后来传到日本、印度和俄国,发展成不同种类的蒸青绿茶。成都人的创意制茶方式为世界提供了全新的思维。茶学者周重林认为,成都对茶的贡献,不仅仅局限于最早的制茶饮茶,而是带动了全球茶文化的发展。

在成都博物馆陈列着许多与茶相关的器物,它们因时代的不同在式样上可谓多彩。这让人联想到古人的制茶品茶图画,不难猜想成都人对于茶的情感,是复杂而又美妙的。而正是这样微妙的情感关系,让我们洞察到成都人的茶世界观:一茶一世界,一味一人生。

至明代,制茶才有了锅炒杀青的方式,这种制茶方式不但可节省制茶劳力,且能提高绿茶的品质,因之就代替了蒸汽杀青。也是在明代,红茶、黑茶、白茶等茶类才陆续出现。

在明代的私家园林中,吃茶的场所多在茶寮之中。文震亨《长物志》"茶寮"条:"构一斗室,相傍山斋,内设茶具,教一童专主茶役,以供长日清谈,寒宵兀坐。幽人首务,不可少废者。"这是大户人家吃茶的方式,至于老百姓则不甚讲究,多以饮绿茶为主。

周作人在《喝茶》里说:"我的所谓喝茶,却是在喝清茶,在赏鉴其色与香与味,意未必在止渴,自然更不在果腹了。……喝茶当于瓦屋纸窗之下,清泉绿茶,用素雅的陶瓷茶具,同二三人共饮,得半日之闲,可抵十年的尘梦。"这样的喝茶方式与成都人是相似的。只是成都人喝茶的水,来自府河。民国年间,这样的茶生活,还是成都人喝茶的主流方式。不管是老舍还是朱自清,对成都人的喝茶方式都有直观的记录,这些珍贵的资料让我们看到了成都人的民国茶范。

在日常的喝茶过程中,成都人还形成了特别的茶礼。

第四章 今日蜀州生白发，瓦炉独试雾中茶

"客来敬茶"最早只是在四川流行。这是晋代的事情，至唐代，才演变成全国性的礼俗。同样，因茶具有"至性不移"的特性，也就象征着爱情。唐时文成公主远嫁吐蕃时，就带去不少名茶，这是茶与婚礼产生联系的最早记录。唐时的赠茶以礼十分普遍，且形成了不同的"茶会"，至于"茶集""茶宴"也都是基于"茶会"而来的品茶方式。至于喝茶过程中的礼仪也十分丰富。在成都人看来，茶里乾坤，蕴藏着大千世界，善待一杯茶，就是善待生活。

虽然现在我们无法了解成都人从前喝茶的具体场景，但从历史记录的只言片语中可以观察到成都人对茶的态度——并不因其常见而轻视。而成都人一代代将茶生活传承并发扬下去，也可说是在践行一种"茶精神"。

◎知道多一点

圆悟克勤与茶道

茶道始于中国，发扬光大于日本。茶道与禅宗，殊途同归，而又相辅相成，故"茶禅一味"被视为日本茶道的最高境界。但"茶禅一味"与宋时成都高僧圆悟克勤禅师有极大的关系。

圆悟克勤（1063年—1135年），宋代高僧，现郫都区人。他潜心研习禅与茶的关系，以禅宗的观念品味茶的奥妙，终有所悟，挥笔写下了"茶禅一味"四个字。

日本学者村井康彦在《茶的文化史》中说，跟随一休大师参禅的珠光得到了圆悟克勤的墨迹，并运用于茶道（茶室中挂的书画）。这便是"墨迹开山"典故的由来。日本井口海仙的《茶道入门》也说，（珠光）经过艰苦的修炼，最终成为一休大师的弟子，并从大师处得到了圆悟克勤的墨迹。在修行中，达到了"茶禅一味"的境界。如今的"茶禅一味"可以说是茶精神的代表了。

第四章 今日蜀州生白发，瓦炉独试雾中茶

第二节 制茶：
传承手工，还原茶本色

◎看文物

带流铜壶
宋代（成都博物馆供图）

宋代的成都人对制茶颇为讲究，这件带流铜壶就从侧面反映出当时制茶的大体情况。从古代的绘画作品中，也可看出制茶每一环节都有其专门的工具。正是有了这些工具和成熟的制茶技艺，才保证了茶品的质量。

◎ 读成都

三国张揖的《广雅》记载："荆巴间采茶作饼，成以米膏出之。"这里所说的即是制茶。

成都周边分布着众多的茶园，五代毛文锡《茶谱》："彭州有薄村棚口、灌口，其园名有仙崖、石花等，其茶饼小，而布嫩芽如六出茶者尤妙。"茶叶的采摘、保存都是一件技术活，在日积月累中，成都人有了制茶的经验，这是一个从粗加工到精制的过程，而这些给后世所带来的影响是不可小觑的。正是因制茶技术的成熟，成都茶才有了迈向全国市场的可能。

根据史料记载，制茶的最初时间是在春分时节，当茶园中有5%左右的茶芽发出时便开始采摘，只选择单芽或者一芽一叶初展者，通过高温杀青、三炒三揉、解块整形、精细烘焙等工序进行加工。

制茶离不开的是制茶工具。不过，古早时的制茶工具颇为复杂，并不像今天的制茶器具丰富。虽有所局限，但成都人在制茶方面显示出独特的天赋，这也逐渐演变成成都所独有的"制茶学"。

第四章 今日蜀州生白发，瓦炉独试雾中茶

陆羽在《茶经》中对制茶工具多有详细的记载，这些工具多达 14 种，有籯、灶、甑、杵臼、规、承、檐、芘莉、棨、扑、焙、贯、棚等等，这些工具各有用途，且使用广泛，在某种程度上证明了制茶工艺、工序的复杂多元，要想制出好茶，必须重视每个环节。

这种精心制茶的方式，让蜀茶最终成为享誉天下的饮品。

唐代郑谷入蜀之后，写了一首诗："夜无多雨晓生尘，草色岚光日日新。蒙顶茶畦千点露，浣花笺纸一溪春。"这里将蒙顶茶和浣花笺列为成都著名的商品，可见饮茶在当时何等流行，而这完全得益于成都制茶的进步。

唐代施肩吾在《蜀茗词》中写道："越碗初盛蜀茗新，薄烟轻处搅来匀。山僧问我将何比，欲道琼浆却畏嗔。"越地的茶具盛着蜀地的新茶，那真是美好的享受，犹如今天茶客的讲究。这样的混搭不仅显得文艺，也富有格调。这也从侧面反映了成都茶质量之高，超过了同时代其他茶区产的茶。

宋代《苕溪渔隐丛话》说："唐茶品虽多，亦以蜀茶为贵。"至今，四川的多个茶区的历史可以追溯到唐代，这说明了四川在茶业方面的贡献是巨大的。仅以成都为例，周边所出产的茶叶也排在行业的前列。

值得一提的是，宋徽宗曾写过一部《大观茶论》，这部书从采茶、茶叶原料（芽）分类、制茶工具、茶叶制造、茶叶审评（鉴辨）、碾茶、烹点等方面进行了论述。这也说明宋代的茶行业已经系统化了。

至今保留下来的制茶工具并不算多。这跟制茶工具流行且为竹木器有着极大的关系，这些器物是不大容易保存下来的。在成都博物馆有一个宋代的带流铜壶。这铜壶是制茶所必备的工具之一。在当时的制茶流程中，会以铜壶来检测茶叶质量的好坏。

我们知道，茶叶的发展史，是一个循序渐进的过程，唐代的制茶工具就十分多样，而到了宋代，制造贡茶则增加了研盆和茶榨。一般的茶叶制造则没有这般复杂。其实，这是茶叶生产所带来的分工，比如贡茶更为精细一些，产量更少，一般人家是难得一尝的；而普通茶叶虽然比不上贡茶，但质量也断不会差到哪儿去，毕竟茶是成都人生活的必需品。

到了明代，则出现了炒青绿茶、烘青绿茶和晒青绿茶。四川则主要制造篾包茶。因之，制茶工具也多有变化，相比唐宋而言，制茶就简单了许多。这种手工制茶的方式却效率不高，即便是一个人一天工作10小时以上，所生产的茶也不过只有5至10千克。但不管怎样，这一时期所生产的茶叶也是丰富的,不仅能满足四川人的需求,还能远销藏地。在一些描写松茂古道的小说中就有茶叶运往藏地的记录。

四川的现代茶叶制造则开始于1949年之后。这个过程看似漫长,却跟成都的手工制茶技艺高超有关。"手工制茶,让茶叶有了更多的温度,也更容易让人体验出茶味。"如今,对更多的茶客来说,还是老川茶的味道,才能尽显川茶本色。

◎知道多一点

花茶是何时出现的?

成都人泡茶馆习惯于来一杯花茶。那这花茶是从何时开始出现的呢?南宋时就已有茉莉花焙茶的记录。施岳《步月·茉莉》的词注里说:"茉莉岭表所产……此花四月开,直至桂花时尚有玩芳味,古人用此花焙茶。"这是福建花茶的做法。成都做茶,后来亦引进了花茶。但这并非今天所谓的花茶。

明代顾元庆《茶谱》的"茶诸法"中对花茶窨制技术记录详细:"木樨、茉莉、玫瑰、蔷薇、兰蕙、橘花、栀子、木香、梅花皆可作茶。诸花开时，摘其半合半放蕊之香气全者，量其茶叶多少，摘花为茶。花多则太香，而脱茶韵；花少则不香，而不尽美。三停茶叶，一停花，始称。如木樨花须去其枝蒂及尘垢、虫蚁，用瓷罐，一层茶一层花相间至满，纸箬扎固，入锅重汤煮之，取出待冷，用纸封裹，置火上焙干收用。"

茉莉花茶有"在中国的花茶里，可闻春天的气味"之誉，而今天的花茶则多为机制，手工制花茶已十分少见了。

第四章 今日蜀州生白发，瓦炉独试雾中茶

第三节 茶道：一茶一世界

◎看文物

茶具 宋代（成都博物馆供图）

宋代成都人使用的茶具与今天的看上去相似，但就实用性而言，宋代的更具价值。这是因宋代茶具有着唐宋时的风味，调性颇为独特，呈现出"唐风雅韵"来。

◎ 读成都

  品茶方式的演变，源于不同历史阶段人们对茶认识的差异。也正因如此，品茶所涵盖的学问极大。魏晋时人们的饮茶方式，是将茶叶烹煮成浓浓的羹汤。那时还没有专门的煮茶、饮茶的器物。饮茶之前，先是在鼎、釜中加山泉水，将茶叶投入其中，烧开即可，再用食碗饮用。

  唐人皮日休有《茶中杂咏》说："自周以降，及于国朝茶事，竟陵子陆季疵言之详矣。然季疵以前，称茗饮者，必浑以烹之，与夫瀹蔬而啜者无异也。"此也被看作魏晋时饮茶方式的佐证。

  但巴蜀人饮茶方式与此有些不同。陆羽曾在文献中记录，当时的荆巴人饮茶是将茶制成茶末，用沸水浇泡，再在茶中加姜葱等作料饮用。这被看作一种不同于茶的饮品。

  其实，在此之前，喝茶是没有那般讲究的，这也是茶文化逐渐演变的结果。

  到了唐代，民间流行的饮茶方式以团饼为主，也有少量粗茶、散茶和米茶。至于宫廷的饮茶则更为复杂一些，既要有仪式感，又要有不同的茶味。简言之，就是茶要有独特性。这也就决定了在制茶、饮茶过程中要有一定的仪式。

煎茶法流行于中晚唐时期，这是用散、末茶煎煮饮用。唐代的茶僧皎然的茶道为：清、静、悦、达，这样的境界后来逐渐演变成寺院里的茶道。且看其诗《对陆迅饮天目山茶，因寄元居士晟》："文火香偏胜，寒泉味转嘉。投铛涌作沫，著碗聚生花。"成都人当时也是采用这样的方式饮茶。

苏东坡不仅是美食家，也是饮茶的高人。他曾写过几首与煎茶相关的诗歌，可以看出他对茶道的理解是何等的别致。如《次韵曹辅寄壑源试焙新芽》："仙山灵草湿行云，洗遍香肌粉未匀。明月来投玉川子，清风吹破武林春。要知冰雪心肠好，不是膏油首面新。戏作小诗君一笑，从来佳茗似佳人。""从来佳茗似佳人"也是对茶的最高礼赞了。

点茶法是宋代斗茶所用的方法，茶人自己饮用也常用此法。茶界又有"唐煮宋点"之说。所谓点茶，即先将饼茶碾碎，放置碗中待用。以釜烧水，微沸初漾时即冲点碗中的茶。为了使茶末与水交融成一体，于是就发明了一种用细竹制作的工具，称为"茶筅"。

宋代宫廷画家刘松年的《撵茶图》（工笔白描），

描绘了宋人从磨茶到烹点的具体过程、用具、点茶的场面。根据茶史专家的考证，点茶所需的器物繁多：贮水瓮，炉、釜——煮水，茶巾，漆盘——盛放工具，曲柄锯子——处理茶饼，碾磨（或小船形茶碾）——研磨茶叶，毛刷——刷茶末，团饼茶叶，茶罗——筛末，茶盒——贮茶粉，茶匙——取茶粉，汤瓶（银或瓷）——点茶（泡茶），茶筅（竹）——击拂（搅动茶汤），茶盏（北宋流行黑釉建盏，南宋后渐不用），盏托，茶盘，贮茶瓶等。可见这样的喝茶方式是烦琐的，但又深得茶味。

《四川茶文化史》说，点茶讲究三沸，用瓶口发出的声音来辨别。一沸为"砌虫万蝉"，好像是墙角的虫儿叫、树上的蝉儿鸣；二沸为"千车捆载"，就像长长的车队载着重物开了过来；三沸为"松风涧水"，犹如劲风吹松林，潺水走山涧。点茶向杯中注水，一般是六到七次，每次注入多少、从什么角度和方向注入要求都不同。这体现了喝茶的艺术。

但宋代的斗茶与今天的斗茶虽然名称相似，内容却有差异。现在的斗茶更多强调的是茶艺的展示，而不是强调喝茶时以最好方式呈现。

苏东坡的《试院煎茶》一诗中就有点茶、分茶的内容："蟹眼已过鱼眼生，飕飕欲作松风鸣。蒙茸出磨细珠

第四章 今日蜀州生白发，瓦炉独试雾中茶

落，眩转绕瓯飞雪轻。银瓶泻汤夸第二，未识古人煎水意。君不见昔时李生好客手自煎，贵从活火发新泉。又不见今时潞公煎茶学西蜀，定州花瓷琢红玉。我今贫病长苦饥，分无玉碗捧蛾眉。且学公家作茗饮，砖炉石铫行相随。不用撑肠拄腹文字五千卷，但愿一瓯常及睡足日高时。"

成都虽然是茶的发源地，饮茶方式多有创意，但随着时代的推移，成都人的喝茶方式并没有演变出"茶道"来，这大概跟成都人的自在性情有关。尽管如此，成都人发明的盖碗茶，同样是举世无双的创意。

泡茶在今天已然很流行。像煮茶，也只有红茶、普洱茶、黑茶适宜，至于其他茶类是不适合煮的。成都人泡茶喝至少是在唐代就已开始了。茶之于成都人，或如王安石《临川集》所说："茶之为民用，等于米盐，不可一日以无。"正是长期浸泡于茶水中，成都才有这丰富的茶文化。

在普通的茶铺里，泡一杯盖碗茶，成都人可以度过一个悠长的下午。这是一种享乐，同时也是感受成都人文生活的一种方式。

◎知道多一点

中国茶道

虽然现在我们都知道日本茶道,但其却来源于中国。中国茶道是千年茶文化的集大成者。唐朝《封氏闻见记》中记载:"茶道大行,王公朝士无不饮者。"此是中国最早提及茶道的文献,当时的都市里还流行着茶宴。中国茶道的基本精神为"精、行、俭、德",与日本茶道的"和、敬、清、寂",以及朝鲜茶道的"和、敬、俭、真"相近。而陈香白则认为:中国茶道包含茶艺、茶德、茶礼、茶理、茶情、茶学说、茶道引导七种义理,中国茶道精神的核心是"和"。关于茶道,1977年,谷川激三在《茶道的美学》一书中,将茶道定义为:以身体动作作为媒介而演出的艺术。它包含了艺术的因素、社交因素、礼仪因素和修行因素等四种因素。

第四章 今日蜀州生白发，瓦炉独试雾中茶

第四节　茶具：成都人的饮茶美学

◎看文物

近现代茶具　（成都博物馆供图）

民国时成都人所使用的茶具与今天的茶具颇为接近。尤其是近现代的茶具工业化生产之后，虽然造型独特，却失去了茶具应有的拙朴之美。手工所制茶具正因为每一个都独特，才能呈现出茶的诸般滋味。

◎ 读成都

《四川制茶史》将四川栽种茶树的历史认定为西周就已经开始，随着历史的演变，茶也就从药用走向了饮品，甚至围绕着茶的生产、饮用，成为一个被现代文明称之为"茶产业"的行业。这正是成都对人类生活的巨大贡献。

喝茶，不管是哪一种品饮方式，都离不开饮茶的器具。

唐代皮日休《茶具十咏》中所列出的茶具种类有："茶坞、茶人、茶笋、茶籯、茶舍、茶灶、茶焙、茶鼎、茶瓯、煮茶。不过，茶史学家更愿意把茶具的历史上溯至西汉时期。西汉辞赋家王褒《僮约》有"烹茶尽具，酺已盖藏"之说。这也被视为茶具的源头。

然而，茶具最初并不是专供饮茶的器物，而是和食具、酒具共同使用，共享既有物质匮乏的缘故，也有当时的日常用具的便捷性所使然，这样的状况到唐代才有所改变。

成都人最早饮茶时，习惯先将茶叶烹煮后再饮用。根据现有的史料和茶具实物来判断，秦汉时，成都人所使用的茶具也很发达，比如羊子山172号墓出土的铜甗、铜盉、铜炉都可以用来作为煮茶、盛茶的器物。2001年4月在苏坡乡西窑村西城家园工地发现的战国晚期至西汉初期的土坑墓中，曾出土8件小口圜底釜，这些也可以用来煮茶。

晋代张载《登成都白菟楼》："芳茶冠六清，溢味播九区。"我们可以想象当时的饮茶趣味，是代表了一种健康的生活方式。虽然我们现在无法确知这一时期的饮茶状况，却不难想象当时成都人的生活情形是怎样的。不过，到了晋代时，茶具才被称为茶器。

直到唐代，才出现了现代茶具的雏形。陆羽在《茶经》中把采制所用的工具称为茶具，把烧水泡茶的器具称茶器，以区别它们的用途。

中科院院士、中国科大校长朱清时曾说邛窑："沉睡上千年，一醒惊天下！"邛窑历史悠久，自南朝至两宋，共经历八个多世纪，是目前已知的四川古陶瓷窑址中，烧造时间最长、产品最丰富、造型纹饰最美的名窑。邛窑所生产的器物具有生活特色，如各种盘、碗、坛、罐、茶具、酒具等日用器物，除此以外还有许多充满童趣的生动形象的小瓷俑和玩具。

邛窑所生产的茶具，即是日常所使用的茶具，如今看到这些茶具，就犹如走进了唐代的饮茶现场。但邛窑茶具与长安的扶风法门寺出土的成套宫廷茶具有极大的不同。或者说，成都人所使用的茶具更为家常一些，长安茶具则有皇家气派罢了。

邛窑茶具的出土，让我们看到了蜀地茶具的演变。比如2006年，在蒙顶山景区宋代古墓出土了一批宋代邛窑烧制的茶壶，黑釉盏、茶碗等文物，在出土的茶壶中，竟装有30多克茶叶。这里涉及的茶壶、茶碗都是茶具的一部分。

唐代邛窑茶具的釉色有翠青、青绿、青黄等色，由于瓷胎选料好、淘炼细、质地细腻、釉料配制科学，施釉仔细认真，故釉面光整润亮，带有强烈的青玉之感，其装饰手法，既有中国传统文化的特征，又具有异国风情。因而文人士大夫对之大加称道，当时的诗人多用热烈的诗句，毫无保留地赞美邛窑青釉茶具的精美。

邛窑所生产的茶具可分为：分茶匜、茶杯、茶盏托等器具。它们所彰显的是成都人的审美趣味，这些茶具在日常生活中的使用，也渐渐地衍生出了一种被称之为"茶道"的饮茶美学来。

在成都博物馆，我们依然可以看到邛窑出产的日常使用的种种器物，这其中最不可少的就是茶具，它们穿越

第四章 今日蜀州生白发，瓦炉独试雾中茶

了历史时空，留存了下来，虽历经岁月的淘洗，依然有古朴之美。无论是手工，还是器型，都有着唐宋时的风采，放眼于当时的瓷器领域，也可以说是难得的艺术品。当我们观看这些茶具时，不难猜想当时的成都人饮茶风俗是怎样的。

今天我们所习见的"盖碗茶"，即传自唐代。它是由茶盖、茶碗、茶船三部分构成的独特茶具。茶船，又被称为茶舟，是承茶碗的茶托。唐李匡乂《资暇录》"茶托子"条记录："始于建中（唐德宗年号）蜀相崔宁之女，以茶杯无衬，病其熨指，取碟子承之，抚啜而杯倾，乃以蜡环碟子之央，其杯遂定。即命匠以漆环代蜡，进于蜀相。蜀相奇之，为制名，而话于宾亲，人人为便，用于世。是后传者更环其底，愈新其制，以至百状焉。"一套茶具传至今天，依然为成都人使用。可见茶具的制作原本是为了便于饮茶的，并非是为了追求创新的发明创造。后来所出现的陶瓷茶托，有专家认为就是邛窑烧制的。

宋时，茶具、茶器统称为茶具。这一时期成都人平时所使用的茶具，与今天所使用的茶具颇为相似，显现了茶文化在成都的延续和传承。

茶人有云："器皿很简单，本不复杂，简单的东西才能传达美的本质，我始终认为万物之间有关联，并且这种

关联越简单越美妙。"由器开始,从器入茶,再从茶领悟生活美学。这即是成都人对茶世界的贡献。

成都人的饮茶风气是与成都的自然环境分不开的。由最初的饮茶到后来演变成成都人的生活方式,这其中最为重要的一点就是成都人从茶里体验到不同的人生趣味。这里,我们不妨看看与成都相关的茶诗,比如白居易收到朋友李六郎寄来的新蜀茶,就如此写道:

故情周匝向交亲,新茗分张及病身。
红纸一封书后信,绿芽十片火前春。
汤添勺水煎鱼眼,末下刀圭搅曲尘。
不寄他人先寄我,应缘我是别茶人。

像他这样的茶客还有很多。在成都人看来,饮茶之风更是一种时尚潮流,林林总总的茶,加之不同的茶具,由此演绎出的茶生活,也是别有一番趣味。但在成都人的眼里,这不过是饮茶而已,并没有上升到生活哲学的高度,尽管如此,我们从这茶诗里能体验到茶的世界是多么的宽广。

从成都茶具既可看出成都人当时的生活风貌,也可领略到成都人对生活的态度有着一丝不苟的严谨。

第四章 今日蜀州生白发,瓦炉独试雾中茶

◎知道多一点

陆游的蜀州生活

南宋诗人陆游曾在蜀州工作生活,并写下了大量有关蜀州风土人情的诗词。西山晴雪、白塔斜阳、东湖夜月、市桥官柳……虽然不少风物在今天已消失了,但蜀州的山水、美食、茶味,却在他的诗歌里留下了剪影。

不管是美食,还是茶味,都给陆游留下了深刻的印象。其中的《冬夜与溥庵主说川食戏作》写道:"唐安薏米白如玉,汉嘉栮脯美胜肉。大巢初生蚕正浴,小巢渐老麦米熟。龙鹤作羹香出釜,木鱼瀹蒠子盈腹。未论索饼与馒饭,撅爱红糟并缹粥。东来坐阅七寒暑,未尝举箸忘吾蜀。何时一饱与子同,更煎土茗浮甘菊。"更煎土茗浮甘菊,说的是用甘菊煎茶,可见时人的日常生活情况。所以陆游才会把成都作为第二故乡吧。

第五节　茶人：生活如水，人生如茶

◎看文物

清代茶船　（成都博物馆供图）

老虎灶　（成都博物馆供图）

成都人的茶生活，老虎灶、盖碗茶、竹椅、小桌，缺一不可。正是这样的标配展现了成都人品茶的心性是平和的。成都的茶人代代相传的茶文化看上去正如川剧《情

第四章 今日蜀州生白发，瓦炉独试雾中茶

探》中的唱词："月明如水浸楼台。"这样茶水交融的生活正是成都人喝茶的真切写照。

◎ 读成都

成都的茶文化之所以发达，离不开的是茶人和茶文的传播。这是从秦汉就开始的茶史记录，这些故事如今已经是成都茶文化的最重要的组成部分。巴蜀最早的茶记录多半是神话传说，如《华阳国志》和《神农本草经》中均有相关的记录。

成都人自从发现了茶的妙趣，日子从此就与众不同。虽然偶有战乱，但都抵挡不住成都人对茶一如既往的深情。

到了汉代，这样的茶记录就很具体了。如汉赋三大家司马相如、王褒和扬雄都曾在文章中提到了茶。司马相如在《凡将篇》就提到了茶，这看似简单的记录，却是茶文化研究的重要资料。扬雄在《方言》里记录了巴蜀地区对茶的不同称谓，这一时期，茶的名称没有定下来，这才有了许多故事。至于王褒的《僮约》则是茶文化的最直接书写，或者说是复原了汉代的成都茶市场，"烹茶尽具""武阳买茶"的记录，让我们看到一个繁荣的茶行业。

两晋南北朝时，关于成都茶文化的记录就丰富得多了，既有茶歌赋，也有茶诗，从这些史料中，我们不难看出成都作为茶文化的中心，得到了广泛的认同。成都人吃茶已经成为一种生活方式，同时，茶也位居所有的饮料之首。茶在成都民俗文化中占据了重要的地位。

左思曾著有《蜀都赋》，将成都的风物记录下来，这在今天也成为研究成都的重要史料。此外，他还写有《娇女诗》，记录下了一位小女孩煮茶的样貌，这里有对当时茶器和煮茶习俗的记载。如今，考察茶文化的流变，这也是不可或缺的记录。

到了唐代，关于成都茶诗的记录数量就多了起来。不少入蜀的诗人都会记录茶事，这也让我们读到了成都人在唐代的茶俗。唐初四杰、李白、杜甫就均有茶诗。最值得一说的是，陆羽与皎然开创了巴蜀茶文学的"双子星座"。这些关于茶的作品，内容十分丰富。元稹的一首名为《茶》的宝塔诗，就别有味道：

香叶，嫩芽。
慕诗客，爱僧家。
碾雕白玉，罗织红纱。
铫煎黄蕊色，碗转曲尘花。

第四章 今日蜀州生白发,瓦炉独试雾中茶

夜后邀陪明月,晨前命对朝霞。

洗尽古今人不倦,将知醉后岂堪夸。

茶文化的传播,尤其是随着茶人在品茶时的不断试验、创新,人们对茶的认识也就越来越有高度。

从唐代林林总总的茶诗或茶文中,我们可以感受到成都茶文化的丰富多彩。由此逐渐诞生了"中国茶道"。不过,对成都人来说,品茶的趣味最为要紧。这也可从侧面看出成都人对茶的态度,并不是一味高贵,而是日常生活的必需品。

五代时,蜀国的翰林学士毛文锡曾在《茶谱》中写道:"青城,其芳芽雀舌、乌嘴、麦颗,盖取其嫩芽所造。"因茶具特色,才有了成为贡品的可能。此处青城,并非是今天的青城山。且看毛文锡的解读:"乌嘴,茶叶形似雀舌,故名乌嘴,横原产蝉翼,雀舌,皆散茶之上品。"而横原则为今天崇州的怀远了。

两宋时代,是成都茶文化发展的又一座高峰。当时,品茶是一件风雅的事情,一如今天的喝咖啡一般。但茶带给人们的影响是深远的。从今天的许多茶俗来看,不少是来自唐宋的。在宋代,茶诗相比唐代有了新变化,且词人创作了茶词。这一阶段的茶文学以苏东坡、黄庭坚、陆

游、魏了翁等为代表。且看陆游的《试茶》：

苍爪初惊鹰脱鞲，得汤已见玉花浮。
睡魔何止避三舍，欢伯直知输一等。
日铸焙香怀旧隐，谷帘试水忆西游。
银铫铜碾俱官样，恨欠纤纤为捧瓯。

这些喝茶细节，在今天看来同样美妙动人。而另一首《九日试雾中僧所赠茶》则写到了大邑的雾中山所产的茶：

少逢重九事豪华，南陌雕鞍拥钿车。
今日蜀州生白发，瓦炉独试雾中茶。

这一时期，关于成都人喝茶的记录多了起来。这些记录让我们看到了成都独特的茶风景，这是其他地区很难看到的人文景观。

在元明时期，记录成都茶的还有杨升庵。虽然他的一生大部分在云南度过，但对于成都茶有着特殊的感情。《和章水部沙坪茶歌》记录了沙坪茶的历史，而这一首《鹧鸪天·以茉莉沙坪茶遗少岷》也十分具有茶味：

> 灌口沙坪摘小春，素馨茉莉荐香尘。
> 要知贮月金波味，只有餐霞玉洞人。
> 云叶嫩，乳花新。冰瓯雪瓯却杯巡。
> 清风两腋诗千首，舌有悬河笔有神。

这里的灌口沙坪，即青城山中丈人山一带的沙坪茶，后人多有题咏，但沙坪茶在明代已成"绝品"。而清风两腋，是指唐卢仝嗜茶、饮酣，有两腋生风之感。

出生于都江堰的清代岁贡（秀才）谢奉扬曾写过一组《玉堂场竹枝词》，其中就写到青城山的茶："天漏时多柳发桠，山间市上总喧哗。尝将米价高低问，好摘青城谷雨茶。"青城山采茶最重要的是谷雨茶，而不是像现在的清明茶。可见当时的成都人饮茶喜好与今天已经有很大的不同。

这些茶人无疑都在传承着成都茶悠久的历史文化。但更多的茶人却因缺乏相应的史料记录，难以让我们窥探他们的饮茶趣味。没有茶人对茶事的真实记录，在今天是很难复原成都人的古代茶生活的。

◎知道多一点

魏了翁与茶

宋时的一代大家魏了翁是蒲江人,他不仅是藏书家,所作诗词也很丰富,其中就有茶诗和茶词,比如这首《水调歌头》:"轻露沧残暑,蟾影插高寒。团团只似前夕,持向老莱看。九帙元开父算,六甲更逢儿换,梧竹拥檀栾。都把方寸地,散作万云烟。锦边城,云间戍,雪中山。风流老监在此,忱顾赖渠宽。天上玉颜合笑,堂上酡颜如酒,家国两平安。又恐玉川子,茗碗送飞翰。"此外,他还写过《邛州先茶记》,对研究"茶"的发音和"茶"字的由来都是一部珍贵的文献。像这样的史料梳理,是值得今天的学者关注的。

【第五章】

酒来郫县香初压
花送彭州露尚滋

文物中的成都生活

WENWUZHONGDE
CHENGDUSHENGHUO

第五章 酒来郫县香初压，花送彭州露尚滋

第一节　成都酒话，从文君卖酒说起

◎看文物

陶耳杯　汉代（成都博物馆供图）

耳杯，古代的名称是羽觞，是三国两晋南北朝最常见的酒具。在成都出土的则为汉代时的旧物。

西汉时期，人们宴饮时都是席地而坐，面前摆放各自的餐具和食物。堂屋中央或侧面有酒樽，舀酒使用勺瓢，且是分食制。当时巴蜀地区的老百姓特别注重饮食和餐饮聚会，这样的饮食文化习惯，甚至保持至今。

◎ 读成都

成都酿酒的历史非常悠久。关于酒的故事特别多。最著名的案例就是司马相如与卓文君在琴台路开酒肆的故事。当时，两人从临邛私奔出来，就在成都街头"文君当垆，相如涤器"。文君当垆烫酒，掌刀切菜，司马相如则当起了小工，洗刷杯盘打扫店堂。这一时期的成都也是大都市，人口多，消费者不少，这才有了在成都开酒馆，就能过好日子的可能。说明成都人上酒馆消费也是最常见的生活场景之一。

关于成都酒的记录则可以追溯到更早，《华阳国志·蜀志》记载：九世开明帝"始立宗庙。以酒曰醴，乐曰荆"。那么，这酒是怎样的酒？虽然我们今天不大清楚了，但有一点可以肯定，成都物产丰富，才促使了酿酒业的出现。

1959年和1980年，彭县（现彭州市）竹瓦街两次发现战国青铜器，出土有尊、觯等酒器10多件，铸造水平与河南殷墟相当。这说明成都酒与中原酒是有着不同的源头。

在秦汉时期，成都人口剧增，交通改善，市场空前扩大。成都人饮酒之风颇盛，可谓各个阶层都参与了进来，"饮酒是一种社交"，即便是童仆也爱喝一杯。王褒《僮约》里就提到了奴仆饮酒的事："不得嗜酒。欲饮美酒，唯得染唇渍口，不得倾杯覆斗。"

到了东汉，蜀郡酿酒业发达。20世纪70年代，先后在成都西郊土桥曾家包、新都区利济乡、彭州市等地出土了表现酿酒的画像砖。这些酿酒的画面生动地再现了汉代蜀酒的酿造流程，这也反映出当时蜀地酿酒的规模之大，也从侧面说明了成都人对酒的需求市场。

在成都博物馆保存下来的众多生活场景的汉画像砖中，就有一块汉代宴饮图，记录了当时人们喝酒的场景，那种井然有序的喝酒方式在今天看来，有着重要的仪式感，不只是饮酒有规矩，就连敬酒也是有一定礼仪的。

谈到汉代成都的豪爽酒风时，不能不提到汉赋大家扬雄。他出生于郫都区，学问好，且以嗜酒闻名海内外。许多人向他请教问题时，都得带上美酒佳肴，他边饮酒边讲谈学问，这就是"载酒问字"的由来。后来，他到了京师工作，就以酒会友，利用全国各地人才汇聚京师的机会，进行了长达27年的访问、积累、整理，完成了《方言》一书。如若没有了酒，扬雄的学问恐怕便不会那样熠熠生辉了吧。

成都的水好，粮食丰裕，酿造出来的酒也就风味独特。从汉魏时期起，蜀地流行一种"酴酒"，即酴醿酒，原本是一种酿造时间较长、未过滤糟滓的重酿米酒。经过滤糟滓的酴酒，就称之为"酴清"。

魏晋时，成都郫都区生产一种用竹筒酿制的酴醿酒，名曰"郫筒酒"。到南北朝时期，贾思勰便把"蜀人作酴酒法"介绍给全国的老百姓。梁萧子显《美女篇》诗云："朝酤成都酒，暝数河间钱。"南北朝时期，"成都酒"已成诗人笔下的常见语，可见其知名度之高。

除了郫筒酒之外，秦到蜀汉时，成都出产的名酒也是花样繁多。比如甘酒，这是成都民间普遍酿造的一种酒。其制法"少曲多米，一宿而熟"，简单易行，这种酒大概是当时最普通的酒，类似于今天的"洗澡泡菜"吧。近年，在成都的周边汉墓中，曾多次出土"甘酒"字样的陶罐。

还有一种酒叫"清膘酒"。左思在《蜀都赋》里说："觞以清膘，鲜有紫鳞。"据说该酒浓度较高，有"一醉累月"的效力。这也说明当时成都人所喝的酒,浓度并不太高,以纯粮食酿造,因之,喝酒如饮茶一般。这样风雅的事情,大概只有成都人才能享受得到吧。

成都人善于饮酒,酒器是不可不说的。在成都博物馆藏有陶耳杯,这是郫都区风情园出土的西汉时的酒器。专家考证,汉代时,成都人喝酒喜欢用耳杯,这从后来的考古中也有发现,漆耳杯、陶耳杯、铜耳杯都有出现,这说明当时的耳杯饮酒是潮流,也是身份的象征了。

不过,对成都人来说,日常生活里的美好,用李商隐的"美酒成都堪送老"是可以形容的了。

◎知道多一点

闻名天下的郫筒酒

郫筒酒作为巴蜀地区最著名的酒品,在魏晋时期就是著名品牌。相传晋代名士山涛(即山巨源)在郫县做官时,把上等糯米蒸熟后加曲药装入竹筒密封发酵一月即成酒。明代曹学佺《蜀中广记》就有记录:"郫县有郫筒池,池旁有大竹,郫人剖其节,倾春酿于筒,苞以藕丝,蔽以蕉叶,信宿香达于林外,然后断之以献,俗号郫筒酒。"杜甫有诗《将赴成都草堂途中有先寄严郑公五首》中吟道:"得归茅屋赴成都,直为文翁再剖符。但使闾阎还揖让,敢论松竹久荒芜?鱼知丙穴由来美,酒忆郫筒不用酤。五马旧曾谙小径,几回书札待潜夫。"宋朝陆游在《思蜀》中说:"园庐已卜锦城东,乘驿归来更得穷。只道骅骝开道路,岂知鱼鸟困池笼。石犀祠下春波绿,金雁桥边夜烛红。未死旧游如可继,典衣犹拟醉郫筒。"可见郫筒酒是很得文人雅士的喜爱的。

第五章 酒来郫县香初压，花送彭州露尚滋

第二节　成都人的宴饮之风

◎看文物

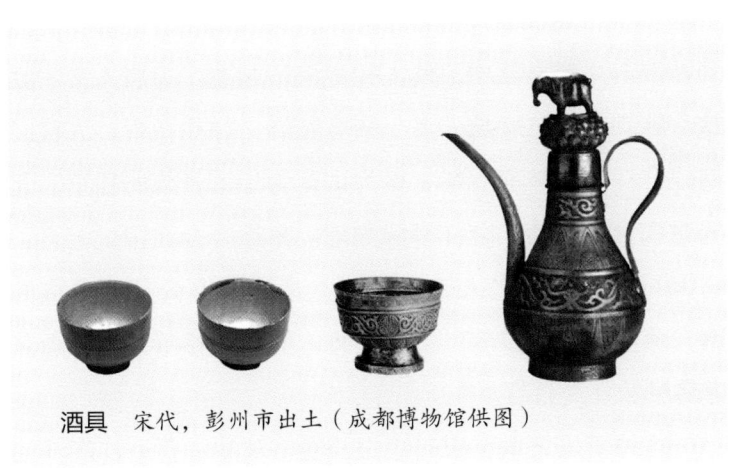

酒具　宋代，彭州市出土（成都博物馆供图）

彭州市宋代金银器窖藏出土了金银器物350多件，涵盖了宋代的多种器形，且制作精美，代表了宋代金银器制作工艺的水平。这其中就有不同的酒具,有一件龟伏荷叶银盏,盏心一枚叶脉纤细的十六曲荷叶,似游非游的一只小龟伏在荷叶心。这些文物见证了成都人使用酒具的历史。

◎ 读成都

唐时修建的合江亭是这一时期经常举行游乐活动的场所。何长发《成都合江亭》记载,合江亭鸿盘如山,横架赤霄,广场在下,砾平云截。登亭俯之观之,清流激湍,沙鸟上下,船楼相接;远望东山,翠林隐约,把林笼竹,列崎左右。置身其中,使人顿生诗情画意。为唐人又一宴饮、钱别、游览胜地,名士骚客题诗,往往在焉。五代时期,合江亭因被前后蜀王据为别苑为王室贵族所独享。北宋时期官府不治,合江亭园颓圮。蔡迨《合江园记》言:"园可娱官,官之人未必皆材。又属公府尚简,重燕游阔,疏因弗以治楼欤!亭移花竹,剪刜荒秽萧条,可念其恙者独长江茂竹耳。"

这种游乐之风在宋时也很流行。陆游《自合江亭涉江至赵园》诗注:"成都合江园盖故蜀别苑,梅花甚盛,自初开,监官日报府,报至开五分,则府主来宴,游人亦竞集。"白麟《合江探梅》诗:"艇子飘摇唤不回,半溪清

第五章 酒来郫县香初压，花送彭州露尚滋

影漾疏梅。有人隔岸频招手，和月和霜剪取来。"张焘《合江亭》诗："却暑追随水上亭，东郊乘晓戴残星。余歌咽筦来幽浦，薄雾疏烟入画舲。兴发江湖驰象魏，情钟原隰咏飞令。故溪何日垂纶去，天末遥岑寸寸青。"这是重建之后的合江亭，不过，在南宋末年，合江亭再次被毁，这里成了一片废墟。

旧时的成都人游乐的方式有这样几种：

一是岁时游乐，几乎每季每月都有二至三次全城性的全民游乐活动。唐宋时成都的游乐：正月元日游安福寺、二日游大慈寺、七日（人日）游草堂、十五日上元放灯（道士叶法善引玄宗梦游成都灯市，喝酒于成都东郊富春坊）。唐代时成都放灯一夜，宋代时发展为三夜，在昭觉寺举行。到近代，灯会时间越来越长。正月二十三日游圣寿寺蚕市、二十八日游净众寺。二月二日踏青小游江，从万里桥开始。八日观街药市、十五日蚕市杂耍。三月三日游学射山，九日大慈寺蚕市、二十一日大东门游海云山鸿庆寺，二十七日大西门外圣人庙。四月十九日洗花大游江，从百花潭至九眼桥，有龙舟竞渡，仅大型龙舟即达百余艘之多，"最为出郊之盛"。五月五日大慈寺饮雄黄，买彩线，挂长命索，吃筒饭、粽子。六月初，头伏游江渎池。七月七日夜市，十八日盂兰会。八月十五日中秋。九

月九日士女游车，全城游览至玉局观止。十月冬至游大慈寺，冬至后一日游全僧寺。腊月庆坛神、游川主庙，岁末献金花树、忘忧花。

二是"遨头""遨床"游，这是唐宋成都游乐的独有特点，为其他城市所无。所谓"遨头"是指带头游遨的成都太守，"遨床"是旅游用的小板凳，老百姓带着凳子游乐。特别是浣花大游江和龙舟竞渡这两个节日以及正月和岁末，都要由太守带领老百姓同乐。这个习俗是成都独有的。

三是土俗土风游乐。除了其他城市共有的一些土俗土风旅游外，成都有三种土俗旅游最特殊：礼拜杜鹃鸟（杜鹃是蜀王杜宇啼血的象征，蜀人见杜鹃鸟即认为是望帝之魂而要跪拜祭礼）、拜川主（即拜大禹、李冰和二郎神）、拜马头娘（养蚕之祖，即嫘祖）。

成都人好游乐，并不仅仅是游乐，而是伴随着游宴出现的。在宋元时期，成都人最爱游的地方是西门安福寺，该寺中有13级高塔，雄奇壮伟，俗称"黑塔"，是人们登高眺远、俯瞰市容之处。《岁华纪丽谱》记载，"郡人晓持小彩幡游安福寺塔，粘之盈柱，若鳞次然，以为厌禳，惩咸平之乱也。塔上燃灯，梵呗交作，僧徒骈集，太守诣塔前张宴，晚登塔眺望焉"。说的就是大家到安福寺游塔

第五章 酒来郫县香初压,花送彭州露尚滋

的场景。

对于蜀中民间的游宴,宋代地方政府主要采取因势利导的政策。最初,官吏每遇大型游宴活动则在外围派兵观望,维持秩序。宋太宗太平兴国五年(980年),张咏出知益州,顺从民意,积极主动地组织、参与游宴。《岁时广记》引《壶中赘录》言:"自万里桥以锦绣器皿结彩舫十数只,与郡僚属官分乘之,妓乐数船,歌吹前导,命曰游江……抵宝历寺桥,出筵寺内。"张咏因顺从民意,善理政事,受到蜀中人民爱戴,他的做法也成了继任官吏的常法。韩琦说:"蜀风尚侈,好遨乐。公(即张咏)从其俗……后人谨而从之则治,违之则人情不安。"

北宋时,成都游宴之风甚炽,北宋仁宗时宋祁知成都,更把游宴活动开展得多彩多姿。宋祁著《益部方物略记》,第一个向四川以外的地区详细介绍四川奇异的土特产和部分烹饪技巧。

宋祁在蜀中倡导游宴,以其过于频繁且趋于奢侈,到了朝廷难以容忍的地步。《宋史·宋祁传》载:右司谏吴及尝言宋祁:"在蜀奢侈过度","御史中丞包拯亦言祁益部多游宴",后来他迁龙图阁学士,调任知郑州。但宋祁离开蜀中后,流风依然存在且影响极大,历届成都太守都仍主持并带头游宴。苏轼《次韵刘景文周次元寒食同游

西湖》诗自注:"成都太守,自正月二日出游,谓之遨头,至四月十九日浣花乃止。"

这种风气,虽因后来的战乱有所中断,但似乎成都人骨子里有着游宴的时尚。但不管是哪一种游宴,简直是达到"无酒不欢"的地步。这跟成都出产众多酒有关。参加不同的游宴,在酒类的选择上大约也会有差异。虽然我们已难以发现有相应的佐证资料,但这种悠游生活,也是成都人生活的真切写照。

◎知道多一点

宋代酒曲

2014年初,在成都一工地上发现了宋代酒曲。酒曲盛放在一只大开门的宋代彩绘碗中。彩绘碗直径23厘米,高8.5厘米,细圈足,从碗边上可以依稀发现褐色彩斑;碗中所盛的酒曲中间呈圆形凹状,如果将整碗酒曲取下,假设其形状不变的话,就像一个大的"窝窝头"。

关于酒曲最早的文字记载,是周朝著作《书经·说命篇》,该史料说:"若作酒醴,尔惟曲蘖。"而古代的酒曲分为：散曲和块曲。此次成都发现的为散曲。中国酒绝大多数是用酒曲酿造的，而且中国的酒曲法酿酒对于周边国家，如日本、越南和泰国等都有较大的影响。可以说，在成都发现的宋代酒曲填补了中国酒文化考古发现的空白。

第三节 成都人的酿酒技术

◎看文物

水井街酒坊遗址

第五章 酒来郫县香初压，花送彭州露尚滋

◎ 读成都

在成都，酒是日常生活中不可或缺的美物。无论是悠游还是享乐都跟酒有着莫大的关系。成都人好酒，当然是有好酒才行。倘若酒的质量太差，难以下咽，就不会有琼浆玉液的美名了。

新都区曾出土过一件东汉的酿酒画像砖，这给了解当时酿酒工艺提供了线索。有一种流行说法是：

这反映的是生产蒸馏酒的工艺。图案中的小灶上放置天锅（蒸锅或地锅），上置木甑，甑竿上部盛酒醅，再在甑口置一铁锅（天锅）内盛冷水，此铁锅锅底布置一圆铜盘，盘侧有一小导管。蒸烧时，含酒精的水蒸气升至天锅底部时，遇冷水而聚成水珠。流入盘内，再从导管流入酒罐中，这样就烧出了浓度较高的蒸馏酒。

1998年8月，在成都市锦江河畔（现水井街）发现了明朝初年的水井街坊遗址，这是我国迄今发现的连续生产白酒长达800年的酒坊实证。

考古报道显示，水井街酒坊遗址发现面积约1700平方米，发掘面积近280平方米。发现了十余处不同时代的酒窖、晾堂、灶坑、灰坑（沟）、路基（散水）、木柱及柱础、墙基等遗迹现象，并且出土了大批瓷器、陶器碎

片、石器、兽骨及其他遗物。由此揭开了成都酿酒技术的面纱。

这里所生产的酒是传统浓香型白酒，其酿造工艺也十分复杂，在复原的水井街酒坊遗址中，我们可以一窥当时的酿酒情形。

根据考古学家的说法，水井街酒坊遗址所显示的是"传统白酒酿造工艺的完整流程"。

其实成都酿酒技术十分成熟，在唐代就已风靡一时，如张籍的《成都曲》里所描述的是："锦江近西烟水绿，新雨山头荔枝熟。万里桥边多酒家，游人爱向谁家宿？"这里的酒馆林立，酒的品种丰富，常常让游人有沉醉不知归路的感觉。唐人李崇嗣更是有一首诗名为《独愁》："闻道成都酒，无钱亦可求。不知将几斗，销得此来愁。"可谓是成都酒的独特写照。

唐代的青城山出产一种乳酒。杜甫《谢严中丞送青城道士乳酒一瓶》："山瓶乳酒下青云，气味浓香幸见分。鸣鞭走送怜渔父，洗盏开尝对马军。"这种乳酒是青城山道家特酿，以猕猴桃、糯米为原料，浓稠似乳。

成都人的诗酒生活让无数的诗人感慨不已。陆游就说："把酒梅花下，不觉日既夕。"

早在清末出版的《成都通览》中记录了水井街一带

的烧房、糟坊：外东星桥街的周义昌永糟坊及谢裕发新糟坊，水井街的胡庆丰隆糟坊，中东大街的杨义丰号糟坊和彭八百春糟坊，外东大安街的傅聚川元糟坊，锦江桥的邓新泰源大曲烧房和陈大昌源糟坊。而成都的"八百春酒"与水井坊临近。

那么，清代的成都酒类市场上可见的酒有多少？本地产的有：白老酒、毛酒、大曲酒、玉兰酒，香元酒、玫瑰酒、烧酒、竹叶青、老酒封泥、老酒开泥、行二、行四、桂花酒、百花酒、荫酒、葡萄酒、家常酒、青果酒。外地进入的有：渝酒、绍酒、允丰正、眉州酒、嘉定酒、泸州酒、内江烧酒、白沙烧酒、绵竹大曲、潞酒、陕西大曲酒、茅台酒。此外在成都还有近二十种名贵香酒，多为泡酒。这也说明了成都人爱酒的心情，与茶是相近的。

◎知道多一点

清代成都有多少酒坊？

清代时的成都有多少酒坊，已不可考。但清末出版的《成都通览》记录：成都之酒坊，凡四百九十六家，有烧酒、大曲酒、红老酒，地均不宽敞。下酒之菜以花生米、瓜子、豆腐干为大宗，余系炙卤肉品，随意可买，其价不定。烧酒每杯十六文，老酒每杯十四文，大曲每杯十二、十六文。可见当时卖酒是按杯计算的。这酒坊也是消费酒的酒馆了。

第六章

东来坐阅七寒暑
未尝举箸忘吾蜀

文物中的成都生活
WENWUZHONGDE
CHENGDOUSHENGHUO

.

第六章 东来坐阅七寒暑,未尝举箸忘吾蜀

第一节 川菜极简史,从巴蜀食文化说起

◎看文物

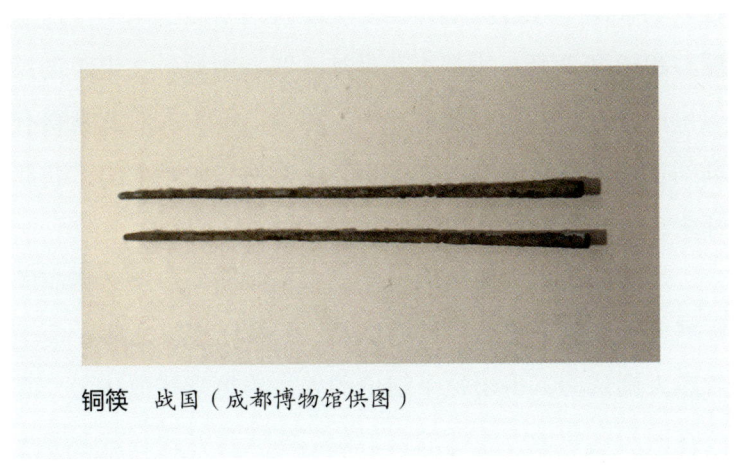

铜筷 战国(成都博物馆供图)

中国人使用筷子的历史可上溯到商代。"箸"这个词就是筷子的意思。从饮食的进化史推测,古人开始吃熟食

文物中的成都生活
WENWUZHONGDE CHENGDUSHENGHUO

后才出现了筷子。在成都市区曾先后出土过与饮食相关的铜筷、铜勺等器物,这从侧面也说明了成都人使用筷子的历史久远。到了汉魏六朝,人们多使用漆筷。后来筷子的种类才逐渐增多。

◎读成都

成都是座移民城市,所以在生活、文化上所呈现出来的姿态是多元的,这种多元可能跟其环境地理有关,不过,笔者倒觉得这从某种程度上反映出了成都人的生活态度。2010年2月,成都市获批加入联合国教科文组织创意城市网络并被授予"美食之都"称号。不少人对此觉得有疑问,热爱美食的城市如此多,成都何以脱颖而出,获此殊荣?——当然与川菜有关。

川菜的历史大概可以上溯到古蜀时期,却缺乏相应的资料佐证。时下更流行的看法是,起源于秦汉之际,而学者愚人则认为,得出这个结论的人大约想当然地认为,既然在四川这块地方生活的人,他们的饮食方式必定会继承古代生活在同样地区祖先的传统习俗,只要曾在这里生活过的人一代又一代繁衍至今,那么,他们就继承了传统;只要传统可以清晰地追溯到一个比较"文明"的形式和内

第六章 东来坐阅七寒暑,未尝举箸忘吾蜀

容,就可以得出这样的结论了。但事实上,生活在四川的先人们更像是齐格蒙特·鲍曼所说的"流动的生活",比如说在公元前310年,秦统一九州以后,迁六国贵族移民巴蜀,因此,给川菜带来了中原文化的特色。

无疑,愚人给我们提供了关于川菜的更为客观的说法。简言之,并不是从古至今生活在四川的人们所食用的菜肴,都可以被称为"川菜"。扬雄在《蜀都赋》里写到菜肴的烹饪,可以理解为古典川菜的烹饪方式。

在成都博物馆珍藏着许多与川菜相关的器物,虽然我们已无法确知以前川菜的烹饪方式,但从这些器物当中不妨观察当时的烹饪情形。比如东汉时期的汉画像砖中就有庖厨制造菜肴的场景,新都、彭州和羊子山出土的汉墓中的庖厨场景却是各有差异的。如果这些记录是真实的话,那么,我们可以理解为菜肴的制作已经处于发达阶段了。

大概是在三国两晋时,形成了川菜的特色。《华阳国志》里说:"其辰值未,故尚滋味。德在少昊,故好辛香。"至于此时的菜式,多已不详。但秦汉以后,川菜还流行甜味,重用蜜。古典川菜在两宋时期始成为一大菜系,如《益部方物略记》《东京梦华录》等当时的文献中,都有关于川菜的记载。而此时的川菜跟今天也大不相同。近代

的川菜当跟清时的"湖广填四川"有关。

在川菜史家看来,清朝中期以前的川菜,是古典川菜,皆因过于古典,至今流传的并不是很多。到了1861年,川菜进入现代时期,其表现为当时流行的菜肴跟今天相似,"烹饪技艺简单、粗糙,它受到来自湖广、江西和陕西等省移民带入四川的下层饮食风格的影响",实际上是各地风味的混合。这以后绵延至今,川菜中的菜式发展呈现多元化,不断有新的菜式亮相,从而将川菜一步步推向全国,使其走向世界。

这一个过程当然是川菜的传播史。不过,但就菜肴的变化,或许能看出川菜味型的发展。时下所谓的川菜只有麻辣的看法广为人知,倒是掩盖了川菜的本色,这就好像谈川剧只知变脸、吐火就是川剧的精华一般,真是大误解。川菜虽以咸、甜、麻、辣、酸等五味为基本味,还讲究复合味,以至在五味之上有香味、鲜味、本味、苦味等,由此还延伸出了家常味、鱼香味、麻辣味、怪味、椒麻味、酸辣味、煳辣味、红油味等,多达20多种,这反映的是调味变化之精微,多一分少一分都有可能改变菜的味型。

今天我们去饭馆吃饭,已经很难留意到古典川菜的状况了。更广为人知的是现代川菜,其变化多端却也还是

第六章 东来坐阅七寒暑,未尝举箸忘吾蜀

让人迷恋,考察八大菜系,像川菜这般丰富的,还真是少见。不过,就现代川菜而言,其中的变化在这几年也很突出,比如新派川菜的流行,如江湖菜,虽对川菜有所发展,但对川菜味型的破坏却是显而易见的,其"味重刺激,以麻、辣、鲜、香为号召,调味宁过勿缺,油重料厚,像一个莽撞少年,图一时之快,不计后果——吃时淋漓尽致,食毕生厌;久未得尝,又朝暮相思;择日邀约,一饱口腹,却又抻胀难耐,不思饮食……如此这般,周尔复始"。这种对味觉的破坏,让我们体验不出川菜的精华。

也许因江湖菜就像是一个筐,什么都可以往里面装。水煮鱼、毛血旺,无不如此,这江湖菜80%以麻辣为基调,其中相当一部分是由火锅演变而来。那么,在这里谈川菜的古早味,当然不是时下流行的江湖菜,而是回归到现代川菜的原点上。这当中也有细分,比如川菜的高档主要占据清淡、华丽部分,低档则充分发挥麻辣刺激和浓郁的优势。但不管怎样,它所讲究的是以自然、新奇取胜。

美食家吴鸿曾评价现代川菜对味觉的破坏是以往川菜所未曾有的,盖因为你在街边的小馆子吃饭,遇到中意的菜总是越来越少,更不要说去追寻川菜的古早味了。至于

川菜的古早味所能恢复的还是一百年前的味觉体验，而不是追寻到古典川菜里去。

就是近代的川菜发展，也多是多种菜肴风格不断融合的产物，当我们追寻川菜的历史时，就不难发现，南北移民的交融带动了川菜的发展，尤其是江南成熟的菜肴制作方式给川菜带来了新样式。在成都博物馆所展示的川菜中，这样的融合也不再是个案，如此才有川菜的丰富多姿。

在这个餐饮日新月异的时代，要想复古还真是不大容易的事，再者，即便是家常味如果仔细去考察，也会发现它的制作方法也有变化，大致说来，饮食风决定了菜肴的变化。但习惯了今天的江湖菜、火锅，以后再谈川菜的正宗怕真是无法追踪到它的历史呢。

诸葛亮发明馒头

诸葛亮虽然不是美食家，却也与美食有着密切的关系。馒头的历史可谓悠久，据传是诸葛亮发明的。话说三国时候，蜀国南边的"南蛮"洞主孟获总是不断袭扰,使得蜀国不能专心对付魏吴。为解决后顾之忧,诸葛亮带领蜀国军队去征讨孟获,但是征讨孟获就必须要渡过泸水。

在横渡泸水时,因瘴气熏天,毒液漫流,过河士兵中体弱者多触水致死,军队难以挺进。于是,诸葛亮的部下就有人提出一个迷信的主意:杀掉一些"南蛮"的俘虏,用他们的头颅去祭祀泸水的河神。于是,诸葛亮灵机一动,就发明了馒头,用来代替俘虏的头颅。

在民间从此就有了"馒头"一说,诸葛亮也被尊奉为面塑行、馒头和包子的祖师爷了。明代郎瑛在其笔记《七修类稿》中记载:"馒头本名蛮头,蛮地以人头祭神,诸葛之征孟获,命以面包肉为人头以祭,谓之'蛮头',今讹而为馒头也。"

第二节　食器，成都人的饮食美学

◎看文物

景德镇青瓷碗　宋代，双流出土（成都博物馆供图）

成都使用瓷碗的历史可以追溯到唐代，杜甫的《又于韦处乞大邑瓷碗》："大邑烧瓷轻且坚，扣如哀玉锦城传。

君家白碗胜霜雪，急送茅斋也可怜。"这里说的是大邑的瓷碗，而景德镇的瓷碗在成都的出现，是瓷器相互流转的结果。虽然现在无史料证实景德镇瓷器进入成都的准确时间，但从瓷碗使用的时代看，应该是唐宋时的事，抑或不难猜想，这给成都的瓷碗行业带来了冲击。

◎读成都

清代著名诗人袁枚也是很牛的美食家。据说他纵观古来美食与美器的发展史后，感叹说："古诗云：'美食不如美器'，斯语是也。"有人据此说，美食始于美器。但每次去饭馆吃饭，讲究食器的也还大有人在；至于不讲究食器的，更不在少数。

食器虽然作为食物的承载物，最早的形态不过是方便盛取罢了，但也还是陶器，随后发展为陶罐、陶釜、陶甑等等，这日趋精美的陶制食具则反映了古人对美器的追求与重视程度。这食器的变化跟饮食结构、饮食的烹饪方式的变化相关，比如青铜酒器更是商代最具代表性的食器。至于鼎及簋为夏、商、周时期最盛行的食器，它们的器型风格厚重，繁缛纹饰中具有神秘、狞厉美的特征，与战国时期蕴含纤巧、活泼及清新风格的漆木制食器有着很大的差异。现在普通餐馆所使用的食器,大都在秦汉时期定型、使用,而瓷器在饮食中的应用则迟至魏晋时才出现。

考察食器的发展史,真是变化多端。但总体而言,随着不同区域的文化融合,食器也在发生变化,比如隋唐或稍晚的时代,随着城市的兴起,酒肆饭店也在增加,这同样促进了食器的进化,且众人围坐共同进食的合食制已取代了传统一人一份的分餐制。在更晚的时期,酒器、茶器也从中分离了出来,成为单独的门类。不过,在今天饭馆里吃饭,能遇见称心如意的食器也是难得的事,一餐饭也会因食器的变化而富有更多的情调。

川菜的变化,在某种程度上则决定了食器的应用有差异,材质上可分为青铜、牙骨、陶、瓷、铁器、木、竹等,器皿的细分也大有讲究,比如春秋的青铜鼎、隋代的邛窑四耳壶、明朝的青花筷筒、清代的汤勺和粉彩龙凤纹碗等,高至八十厘米的清代刻花清釉泡菜坛,小巧玲珑二十厘米的绿釉泡菜坛等。这些食器大都可在川菜博物馆里看到。总的来说,食器决定了餐馆的品位和情调。

在成都博物馆内有着数量众多的食器,比如瓷碗、瓷盘,从隋唐到宋代都有出土,且有青羊宫窑、景德镇、磁峰窑、龙泉窑等地所产,且造型上也有多种变化,这是成都人的审美趣味演变。

美食家们可能在意食器的变化，对味觉产生的影响，比如食器色彩学就强调食器在色彩、花样上要跟食物搭配。在色彩上，重在对比，前提是对各种颜色之间关系的认识。有经验的厨师对此特别讲究，饮食与各色器皿的搭配会影响食材的外观。比如将青菜盛在绿色盘中，既显不出青蔬的鲜绿，又埋没了盘上的纹饰美；如果改盛在白花盘中，便会产生清爽悦目的艺术效果。

此外，食物与器皿在外形上要适宜，产生疏离感。中国菜品种繁多，形态各异，食器的形状也是千姿百态。而最适合的食器则是一盘菜能让人产生食欲的关键。比如平底盘是为爆炒菜而生，汤盘是为熘汁菜而生，椭圆盘是为整鱼菜而生，深斗池是为整只鸡鸭菜而生，莲花瓣海碗是为汤菜而生等等。凡此种种，既涉及饮食烹饪学，也跟审美趣味相关，即便是一碗普通的面，也一定得有适宜的碗才能显示出它的气象。这讲究的与其说是食材，不如说是食器。

美食美器，是一种境界。但新派川菜却似乎不是这样。虽然其从口味、菜品搭配、器皿及菜品名称等各方面均颇下功夫，独具匠心的菜品巧妙地用别致的竹篮子、瓦缸或土陶配搭，菜品上更大胆进行了"川粤组合""川湘组合"。海鲜川做,将川菜新做塑造成为整个菜品的精神,所有菜品力求精益求精,色香味形尽善尽美。但到底是粗俗了些,其菜品的文化意境和食器的搭配看似精细,但大有可能在某个细节上露了底。这倒非是笔者对新派川菜没多少好感,而是川菜对器皿的要求,或许应更高一些吧。

日式食器的精细或许能给川菜提供参考。那一种菜与食器的搭配,以及上桌形成的美感均显情调。食器上大都不会印上诸如"碧纱待月春调珍,红袖添香夜读书"之类的诗句,因这诗句总会影响食材的视觉效果,看上去原本很风雅的事,会因此大煞风景。笔者倒觉得那种架子白肉的简洁、朴素该进入川菜美学,让川菜焕发亮丽色彩的才是王道。

虽然说食器是关于川菜的另类史,但我们从成都博物馆里所珍藏的食器来看,川菜的演变历史也就清晰了。笔者曾在博物馆流连数天,观察这些食器,犹如看见川菜的历史细节,虽然许多川菜故事于今已知不多,但其中的制作点滴总是让我们勾起对川菜的食欲来。

◎知道多一点

成都泡菜始于何时?

对成都人来说,泡菜是最常见的食物。但成都人是何时开始做泡菜的?清乾隆年间,李调元在《醒园录》里记录了大蒜、仔姜等二十多种蔬菜的制作方法,总结了泡菜的基本原理。不过,泡菜最早可推到后魏贾思勰的《齐民要术》,此书记录了泡制蔬菜的技术。三国时越窑已生产瓷器泡菜坛,湖南曾出土西晋泡菜坛,其形为双口,较小,内口很高,腹部扁圆,肩有横系四个。在成都出土的泡菜坛则晚近得多。由此我们或可推测成都人食用泡菜也不过是数百年的时间。

第三节 川菜飘香

◎看文物

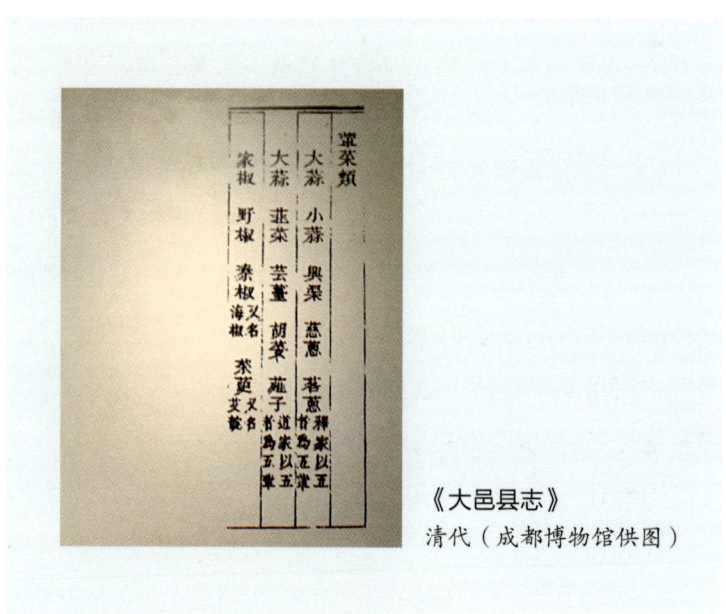

《大邑县志》
清代（成都博物馆供图）

第六章 东来坐阅七寒暑,未尝举箸忘吾蜀

◎读成都

旅美作家李麦逊曾撰文说,在中国的几大菜系中,川菜应该是除粤菜外最应该被批评的。"多盐、多油、多麻辣,这些都可以说会对健康造成致命影响。""吃辣过多后,情绪上会比较兴奋,不会怎么理智地看待问题。像川渝、湖南等爱吃辣的地方,人性情都比较火爆也和这个有关。"这当然是毫无道理的论调。

这些年川菜走红的道理看似简单,不过是迎合了大多数食客的口味而已。但此说却经不起过多推敲。也许川菜史学家的说法更为有道理一些。自从"湖广填四川"的大移民以来,川菜就在相互融合中,达到了一个最佳平衡点。因此,各类族群、社团等等都能找到自己的食物基因,从而才有了川菜持续发展的可能。

这大移民造就了成都独特的美食文化。川菜的长期融合,打破了不同菜系的不同界限,以至于我们吃到川菜,都无法用正宗来标示,这皆因为川菜的正宗源头实在是没有系统可言。而在川菜的缓慢发展进程中,不同味型的变化或许能作为考察其历史的缘由,这也是我们追踪川菜古早味的一种方式。

川菜的特色在于调味。川菜源于蜀汉,兴于当代,

以其独特的色、香、味，成为我国"中国四大菜系"的典型代表。这样的一种风格固然还有许多传统的味道在小馆子间流传，却也有点式微的态势了吧。因为大众的口味是跟着潮流走的，传统的川菜对老派人来说，可能是一种念想，而对年轻人而言，是不是又有点欠缺变化万端的花腔？变化是川菜不断推陈出新的可能，但若丢掉了传统，想来，也就失去了地道所依存的根基了。这就好像一杯水，倘若是混杂了太多的杂质元素，也是浑浊的，谈不上是好水。

晚清至民国时的川菜，可谓是定型时期。这与当时的一些美食家来到成都有关。曾任四川警察总监的贺伦夔将京菜带入川菜名馆正兴园，而曾担任四川省劝业道总办的周善培也将苏菜引入正兴园，"周派"与"贺派"开启了川菜南北交融的新风。正兴园是1861年开业的餐馆，《成都通览》记载："席面之讲究者，只官（关）正兴园一处，因其主人素来收藏古器甚多，故官场包席均照顾之。其瓷盘瓷碗，古色斑驳；菜品讲究，汤味甚佳，所谓排场好而派头高也。"该店在1910年歇业。虽然如此，它也带领了川菜的新发展。

在川菜的近代史上，抗战时期是一个重要的节点。当时的成都是大后方，寓居成都的文化人极多，对川菜的传播起到了推动作用。前几年，台湾作家舒国治来成都，印

第六章 东来坐阅七寒暑，未尝举箸忘吾蜀

象深刻的成都美食是"牛肉面"，我们不妨看看其他文人们笔下的成都味道：

易君左说赖汤圆："长沙柳德芳的汤圆虽驰名，若论落口销融，赖汤圆值得推荐。"

黄裳说莲子汤："胃里充满了温暖，慢慢地走回去。"

茅盾说："小吃馆子尤其价廉物美，乃至成都小贩叫卖的调门也是那么抑扬顿挫，颇有点'北平味'。"他在一篇文章中写道：大小菜馆和点心店之多，而且几乎没有"外江菜"立足之于都，也是成都一个特色。熏兔子，棒棒儿鸡，几乎到处可遇。所谓熏兔，实在已费全兔，而只是两条后腿，初看见时你不会想到这是兔子。点心方面有一家卖汤圆的，出名是"少奶奶汤圆"，据说不知有此者就不算是地道的成都人。

当时在成都的叶圣陶、老舍、朱自清、张大千、丰子恺、陈白尘等人的笔下，都有成都的饮食风景。愚人分析说："大量入川的流亡者，把各地的烹饪原料、烹饪技法和菜点带进了四川。"在只有四十万人口的成都，餐馆一下子发展到近三千家，平均130个人就有一家。

现代川菜的传播则依赖于四川人遍布全国的务工人群，他们在各个地方生活，离不开的是川味饮食，当更多的人群发现川味的美妙，也就信奉"川菜主义"。这样

的一种文化自觉的传播是由多种因素构成的，既有饮食味道的变化，也有川菜的内涵所带来的驱动。用"全国山河一片红"来形容川菜的发展，是最为恰当的表达。甚至于有一种说法出现："有水井处，有人家，有人家处，有川菜。"

随着川菜飘香全国，乃至世界各地，这样的饮食场景是川菜的华丽篇章，但对川菜文化的研究和推广相对要弱得多。尽管如此，以成都为中心的川菜研究中心也在悄然形成。有一种说法是，现代川菜的扩张是一种文化扩张，它的扩张过程，就是一部充满着文化交融、竞争的历史。

在成都博物馆，我们看到诸多与川菜相关的制作场景、饭馆生活，都在一定程度上展现了成都饮食的丰富性。在成都人的日常宴席中，离不开的是坝坝宴。单单从坝坝宴就可看出川菜的流布范围之广，几乎在四川各地都有不同风味的坝坝宴。成都博物馆亦有对其介绍：

有一种说法是"坝坝宴"与"湖广填四川"有关，也有说法是在清末民初，不管是哪一种，这种川西坝子上的饮食习惯，都是有着深厚的文化底蕴。虽然其俗称为"九斗碗"，其菜式却是各有不同，呈现出川菜的多样性。

川菜经过发展，其中的名菜多达300余种，在烹制方法上就可以细分为凉菜、热菜、炒菜、蒸菜、烧菜、汤菜等品种。当我们看到川菜飘香时，也应该对此有所深思，未来的川菜如何走才更容易推动川菜的发展。虽然现在有川菜的文化推广，但从深度上来看，也还是有许多值得深思的地方。比如在满足味觉上更新的川菜，是不是要在文化上予以恰如其分的解读？这些都让我们看到了川菜在兴旺时也隐含着些许危机。

◎知道多一点

火锅小史

火锅最早出现在战国，那时被称为"染炉"。在南北朝时，火锅从个人食用，发展到多人同时食用。唐代时广为普及，至南宋时就变得精致化了。宋代林洪《山家清供》有"拨霞供"的记录，与今天的火锅类似。袁枚《随园食单》里说："冬日宴客，惯用火锅。"成都的火锅大约在清代就已流传。

麻辣火锅则起源于重庆江北，最早叫"毛肚火锅"。1930年代初，才在重庆商业化，1946年传到成都以后被精致化，再被传回重庆。1940年代之前，成都的火锅店并不多，仅有三四家而已。

第四节　成都小吃甲天下

◎看文物

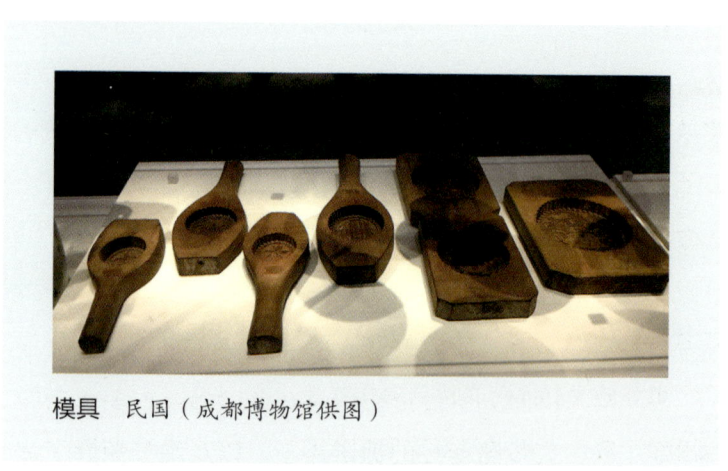

模具　民国（成都博物馆供图）

成都博物馆保留着制作糕点的模具，虽然小吃不易保存下来，但这些模具得以传承下来，讲述着成都小吃的历史。

第六章 东来坐阅七寒暑，未尝举箸忘吾蜀

◎ 读成都

说成都小吃甲天下，是有根据的。我们先来看看李劼人在《大波》里写到皇城内的会场，这里小吃众多："要是没有凉粉担子、莜面担子、抄手担子、蒸蒸糕担子、豆腐酪担子、鸡丝油花担子、马蹄糕担子、素面甜水面担子（这些担子，还不只是一根两根，而是相当多的）；要是没有茶汤摊子、鸡酒摊子、油茶摊子、烧腊卤菜摊子、蒜羊血摊子、虾羹汤摊子、鸡丝豆花摊子、牛舌酥锅盔摊子（这些摊子限于条件，虽然数量不如担子之多，但排场不小，占地也大；每个摊子，几乎都竖一把硕大无朋的大油纸伞）；要是没有更多活动的、在人丛中串来串去的卖瓜子花生的篮子、卖糖酥核桃的篮子、卖橘子青果（按：即橄榄）的篮子、卖糖炒板栗的篮子、卖黄豆米酥芝麻糕的篮子、卖白糖蒸馍的篮子、卖三河场姜糖的篮子、卖红柿子和柿饼的篮子、卖熟油辣子大头菜和红油莴笋片的篮子；尤其重要的是，要是没有散布在各个角落的装水烟的简州娃，和一些带赌博性的糖饼摊子，以及用三颗骰子掷糖人、糖狮子、糖象的摊子，那就不合乎成例，也便不成其为会场。"这只是成都小吃的冰山一角。

1940年代，学者易君左在《锦城七日记》里也写到了

成都小吃："凡小吃皆廉皆美。"此说颇似今天的苍蝇馆子的特点。他在文章中写道：

最值得主张的是"小吃主义"。"小吃主义"有种种好处：一是菜价经济，二是时间经济，三是选合口味的吃，不合口味的不点，四是朋友紧凑在一起更发亲切。"小吃主义"反抗"大吃主义"和"中吃主义"。"小吃主义"分两种：一种是专吃某一家特别著名的拿手好菜，一种是到小规模的馆子去，点几样合口味的菜。属于前者，在成都著名的如：竹林小餐的灌汤白肉，三道拐的肥肠羊肉，吴抄手的抄手面，奎星楼口治德号的牛肉炸酱面及蒸牛肉，皇城坝的烧鹅烧鸭，祠堂街的鸡丝豆花，北门外的陈麻婆牛肉豆腐，暑袜街的矮子抄手，上升街的燃面，二十四春的扬州饺子，五芳斋、稷雪、守经街和南新街的包子，商业场昌福馆的汤圆和赖汤圆，大可楼的麻饼子，冬青树元饺子的水饺，春熙路洁馨的面点，三道拐王包子的香肠、华兴街盘飧市的卤菜，利和森的葱烧肉类，味虞轩的桃片等；属于后者，几不可胜举。到成都第一夜吃长美轩（在新集商场），就觉得再好没有了，十个人只吃了二元多钱。

这些林林总总的小吃，到今天留下来的已经不多了。

不管是抄手，还是汤圆，都有一个朴素而又美好的故

第六章 东来坐阅七寒暑，未尝举箸忘吾蜀

事。这些小吃传扬于民间，经年累月，为好吃嘴所喜好。它们所传承的是成都美食文化。不过，这其中也有不少"美化"的成分在。陈麻婆豆腐，看似简单的牛肉豆腐，却做得活色生香；鸡片就有邛崃的钵钵鸡、崇州的天主堂鸡片，却是各有风味。

"饮食菩萨"车辐老先生曾写过成都花会的小吃，那真是洋洋大观。恰如一首竹枝词里所言："豆花凉粉妙调和，日日担从市上过。生小女儿偏嗜辣，红油满碗不嫌多。"如今这些小吃，都成了老成都人的美好回忆。

然而，随着时代的进步，小吃在成都已经发生了巨大的变化，小吃也登堂入室，成了成都美食的代表。如此一来，其民间味道难免会打折扣了。不少外地游客来成都尝过小吃之后，就感叹没有想象的美好。实则是今天的消费者众多，食材固然可以保持新鲜度，但做工就不如以前的精细了。所以说，小吃还是精工细作的好，一旦量化、批量制作，就难保可口了。

不过，像"三大炮"这样的成都小说，注重的已非口味而是其制作过程的表演性了。"三大炮"是将一个装有糍粑的大锅在温水中保温，来客时，由操作者用手挑起一些油脂在手心中抹擦，然后以手去扯糍粑，按一人的分量，将糍粑分成三大坨，用力丢入一格抹有油的方掌盘，

方掌盘的中间是一条抹了油的通道,而两旁则是黄铜食盘(不用陶器,以防打烂)。糍粑经通道过时会将黄铜食盘震得发出"乓乓乓"的三声,最后糍粑滑入一格大簸箕,簸箕内装了打磨得很细的黄豆粉,糍粑下去,会由白色裹成黄色。最后将三个"穿了衣服"的糍粑放入盘子,浇上红糖水,便完成了一份"三大炮"的全部制作过程。

考察成都小吃的历史演变,大多是从庶民生活中来,或是夜宵所致,或是街头巷尾的食摊,不管是哪一种,它们都有着自己的故事。

在成都博物馆的民俗馆部分还保留着成都一些小吃制作的场景,那些场景于今天是鲜见了。但从这些小吃的制作来看,无论选材,还是制作,都强调质量第一,使食物的味道能更好地传达出来。

◎知道多一点

成都小吃知多少?

成都小吃起步于民间,经过多年的发展最终成为地方名小吃。但成都小吃到底有多少种,有资料说多达200多种,这不仅说明小吃种类繁多,且代有不绝。

也正因如此,当有的小吃被市场淘汰之后,又有新的小吃诞生。成都小吃的历史就是成都人对饮食追求不断变化的历史。

1909年出版的《成都通览》记载,当时四川有菜肴1328种,其中多数属于成都小吃。那么具体有多少种,数量应该不在少数。易君左曾说"川味"的特点:一富刺激性,二香料多,三口味浓厚。这也几乎是成都小吃的特点。虽然现在的小吃数量也不少,但似乎没有民国时代那般丰富了。

后记 Postscript

　　成都人在古早时代，有着怎样的生活，我们从不同的史料中可以看到，成都人一直在努力地生活着，面对自然灾难（洪水、地震）等等时表现出来的乐观、包容精神，让我们对这个城市多了理解。

　　从柏灌、鱼凫等古蜀王一路走来，成都开创了新时代。城址的变迁，让古蜀先民对这一块土地有了更深入的理解。治水在巴蜀大地上始终是一件重要的工作，水利则决定了这块土地的未来，也正因如此，直到李冰修筑都江堰，才有了真正的天府之国的诞生，也才有了成都人别样的成都生活。

　　这本《文物中的成都生活》试图还原古蜀先民至近现代成都人的日常生活。这种生活，并不是在历史长河中的惊鸿一瞥，而是有继承有发展。不仅如此，成都人在生活领域的创意是值得关注的亮点，且这种创意带动了城市经济的发展。

透过此书的创作，我们试图解释"成都怎样成其为成都"，探讨流风民俗是如何一步步演变成一种被今天称之为"成都味道"的内容，甚至说是通过对成都人生活的梳理，试图还原一种消逝的时代光芒。

无疑，通过文物来解读更为切实，它们诉说着过去的历史——那些隐秘的生活逻辑，成都人在历史中甚至发现了"快乐法则"——即便忧伤，也改变不了生活的样貌，不如乐观看待吧。

在这本书中，我们借鉴了历史上的优秀巴蜀文化研究成果，还根据历史的记录提供了新视角。历史不是虚构的空间，也不容许有太多的想象，当我们深入成都的历史肌理中，或许才能读懂成都的脉络。

二〇一八年四月二十八日